Do it yourself in Stall und Weide

Wolfgang Clemens
Neumünster 24.10.1996

Alexandra und Andreas Stupperich

Do it yourself in Stall und Weide

Werkzeugkunde, Reparaturen,
Tips und Tricks

Franckh-Kosmos

Mit 21 Farbfotos, davon 18 von Alexandra Stupperich, Marienmünster (S. 33, S. 34, S. 51, S. 52, S. 53, S. 54, S. 71), 2 von Lothar Lenz, Cochem (S. 72 oben) und 1 von Photec/Michael Schroeder, Oftersheim (S. 72 unten) sowie 69 s/w-Illustrationen von Alexandra Stupperich.

Umschlaggestaltung von Atelier Jürgen Reichert, Stuttgart, unter Verwendung von Fotos von Alexandra Stupperich (U1 rechts unten), Lothar Lenz (U1 links unten, U4) und Sabine Stuewer, Darmstadt (U1 oben).

Das Werkzeug-Zeichen wurde von Atelier Jürgen Reichert entworfen.

Die Deutsche Bibliothek – CIP-Einheitsaufnahme

Stupperich, Alexandra:
Do it yourself in Stall und Weide : Werkzeugkunde, Reparaturen, Tips und Tricks / Alexandra und Andreas Stupperich. – Stuttgart : Franckh-Kosmos, 1996
ISBN 3-440-07108-1
NE: Stupperich, Andreas:

Alle Angaben in diesem Buch erfolgen nach bestem Wissen und Gewissen. Sorgfalt bei der Umsetzung ist indes dennoch geboten. Der Verlag übernimmt keinerlei Haftung für Personen-, Sach- oder Vermögensschäden, die aus der Anwendung der vorgestellten Materialien und Methoden entstehen.

ISBN 3-440-07108-1
Printed in Germany/Imprimé en Allemagne
Satz: Utesch Satztechnik GmbH, Hamburg
Druck und Binden: Huber KG, Dießen

Do it yourself in Stall und Weide

Überall wo dieses Zeichen steht, finden Sie eine Arbeitsanleitung.

Selbst ist die Frau

O Schreck! Da komme ich nichtsahnend in den Stall, spähe mit dem Futtereimer in der Hand über die erste Boxentür und entdecke eine Katastrophe:

Aus der Selbsttränke sprudelt ein munteres Bächlein, und die Box schwimmt. Strohbüschel treiben auf dem Wasser, und in der Luft liegt ein modriger Geruch. Erst einmal das Pferd rausholen, das sich, fesseltief im Wasser, auch nicht mehr wohl zu fühlen scheint, und dann schnell den Hauptwasserhahn abdrehen! Wo war der gleich noch? Ach ja, unter der Bodenplatte in der Diele. Ich stürze ans Telefon und sende einen Notruf zu einem handwerklich begabten Freund, der wiederum gar nicht darüber erfreut ist, gleich nach dem Abendessen vorbeizukommen, weil er eigentlich mit seiner Freundin ins Kino gehen wollte. Nichtsdestotrotz erscheint er (nach dem Kino), die junge Dame in Ausgehgarderobe, gestylt bis zu den Fußnägeln, im Schlepptau. Rauchend steht sie im Gang, während ihr Angebeteter mit der Rohrzange hantiert. Fünf Minuten später ist der Schaden behoben, das junge Glück aufatmend auf dem Heimweg, und ich? Ich habe an diesem Abend beschlossen, meine Scheu vor Hammer, Rohrzange und Kreissäge abzulegen, den Profis einmal über die Schulter zu schauen und in Zukunft bei Bedarf selbst Hand anzulegen.

Wegweiser durchs Chaos

Im Stall ist ein Boxenbrett durchgenagt und auf der Weide unter dem Gewicht der Haflingerstute die Zaunlatte gebrochen. Im Auslauf sollte der Lecksteinhalter montiert werden, und die Schrauben der Futterraufe im ersten Freßständer sind locker. Aber wo ist der Hammer, wo die Tüte mit den Schrauben? Nach langem Suchen finden sich das Werkzeug hinter der Futterkiste und die Schrauben auf dem Kühlschrank. Eine Situation, die Ihnen sicherlich bekannt vorkommt!

Alles an seinem Platz

Werkzeuge müssen sachgerecht gelagert, übersichtlich angeordnet und sicher untergebracht sein, sonst halten sie nicht lange, und man vergeudet überdies viel Zeit beim Suchen. Der geeignete Aufbewahrungsort sollte luftig und trocken sein, denn blanke Metallteile rosten in naßkaltem Klima.

Um lange Wege zu vermeiden, ist es am günstigsten, wenn Ihr Werkzeugschrank an einer zentralen Stelle liegt, bequem erreichbar und zudem gut beleuchtet ist. Außerdem sollten Kinder keinen Zugang zum Werkzeug haben, damit sie nicht unbeaufsichtigt damit spielen und sich in Gefahr bringen.

Ein abschließbarer Werkzeugschrank wird allen Ansprüchen gerecht. Fürs erste erfüllt aber auch eine ausgediente Kommode ihren Zweck. Damit Sie nicht lange suchen müssen, beschriften Sie die einzelnen Schubladen von außen oder markieren sie mit Symbolen (Hammer, Schraubenzieher, Bohrer und so weiter).

Wer nicht genug Stellfläche hat, wählt einen Hängeschrank.

Werkzeug sicher transportieren

Müssen Sie Werkzeug mit auf die Wiese nehmen, um zum Beispiel eine Zaunlatte auszutauschen oder den Weideunterstand zu reparieren, empfiehlt es sich, die benötigten Dinge in einem tragbaren Werkzeugkasten zu verstauen. Meist sind diese aus Metall, die kleinere Version aus Plastik.

Unter Dach und Fach – Die Werkstatt des Pferdehalters

Während Ihre Wäsche im Wohnzimmer trocknet, weil Sie im Keller die neuen Sattelböcke lackieren, Ihr Mann in den frisch gebügelten Hemden ständig Sägespäne findet, die restlichen Familienangehörigen in Streik treten, weil sie endlich mal wieder am Küchentisch essen wollen, den Sie seit einer Woche mit einem zerbrochenen Fenster blockieren, träumen Sie von einem Raum, in dem Sie nach Lust und Laune schalten und walten können.

Bevor Sie loslegen

Die Werkstatteinrichtung sollte im voraus gründlich geplant werden. Der wichtigste Bestandteil ist ein Werktisch oder eine Werkbank. Er gehört vor ein Fenster oder benötigt andernfalls eine Lichtquelle von vorn oben, damit Sie bei der Arbeit keine Schatten stören. Weiterhin brauchen Sie dort mindestens eine Steckdose – als Rechtshänder rechts, als Linkshänder links vom Arbeitsplatz oder an der Decke darüber.

Links und rechts von der Werkbank haben ein Werkzeugschrank und ein Regal für Kleinutensilien ihren Platz. An der Wand werden Lochplatten mit Aufhängevorrichtungen für Werkzeug angebracht. Auch die gesamten Handmaschinen wie Bohrer, Handkreissäge und Stichsäge sollten nicht allzu weit entfernt liegen.

Schrauben und Nägel sowie kleineres Elektrozubehör bringen Sie am besten in Sortierfächern unter, die Sie in jedem Heimwerkermarkt kaufen können.

Große Geräte, die nur saisonweise ge-

Was Sie suchen

- Einen schönen, zentral gelegenen, gut zu lüftenden, hellen, ebenerdigen Raum mit direktem Zugang zum Freien
- Stromanschluß (möglichst auch Starkstrom)
- Wasser- und Abwasseranschluß
- Heizungsmöglichkeit

AUF EINEN BLICK

Tip aus der Praxis
Sattelzeug hat in der Werkstatt nichts verloren, weil die Ausdünstungen der Chemikalien, Staub oder herumfliegende Funken das Leder schädigen.

braucht werden (Sense, Doppelspaten, Motorsäge, Unkrautstab), können mit festen Haken an einer freien Wand aufgehängt werden.

Farben und Lacke, Zaunbauzubehör und andere Kleinigkeiten legt man – nach Anwendungsbereichen sortiert – in einfachen, offenen Regalen ab. So haben Sie schnellen Zugriff darauf, und die Regale können Sie ohne große Vorkenntnisse selbst bauen.

Ein einfaches Regal (Abb. 1)

160 cm hoch, 100 cm breit und 40 cm tief.

Sie brauchen:

Material: Fichtenbretter (20 mm dick, 10 cm breit, allseitig gehobelt): Für ein Regal mit vier Böden: 12 Bretter (100 cm lang) und 8 Stück (40 cm lang), 4 Bretter (160 cm lang) und für das Gestell: 1 Brett (200 cm lang), Kreuzschlitzschrauben (48 Stück, 35 mm lang, ca. 42 Stück, 50 mm lang)

Werkzeug: Säge, Akkuschrauber, Rechter Winkel

Abb. 1. So soll das Regal in Seitenansicht aussehen.

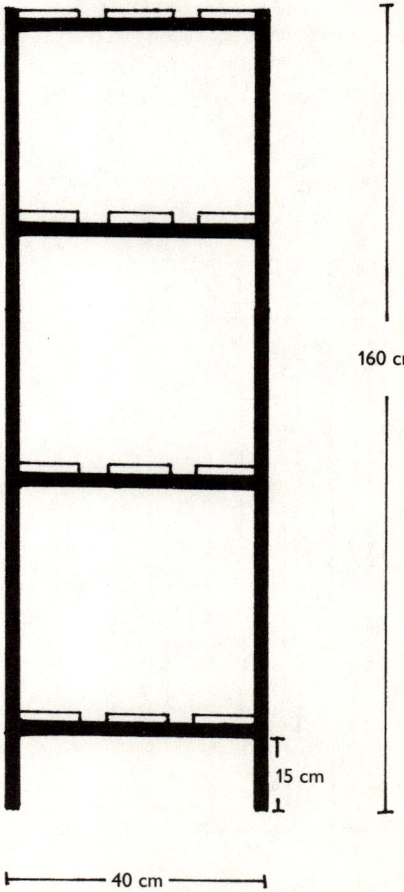

So wird's gemacht

1. Zunächst werden die Regalböden zusammengeschraubt. Zwei je 1 m lange Bretter werden auf die Werkbank nebeneinander gelegt. Auf die beiden Enden legt man die 40 cm langen Brettchen. Fixieren Sie die langen Bretter mit je einer Schraube so, daß sie parallel liegen. Die kurzen Brettchen kommen am äußersten Ende zu liegen, denn es sollen keine Kanten der langen Bretter über die Kanten der Brettchen hinausragen. Den rechten Winkel messen Sie mit dem Winkelmesser oder durch Messen über die Diagonale. Danach werden die beiden äußeren Bretter mit einer weiteren Schraube in je-

Abb. 2. Der Regalboden – von oben gesehen

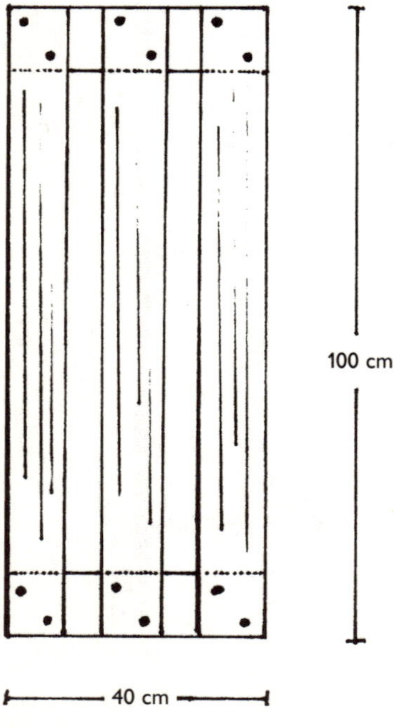

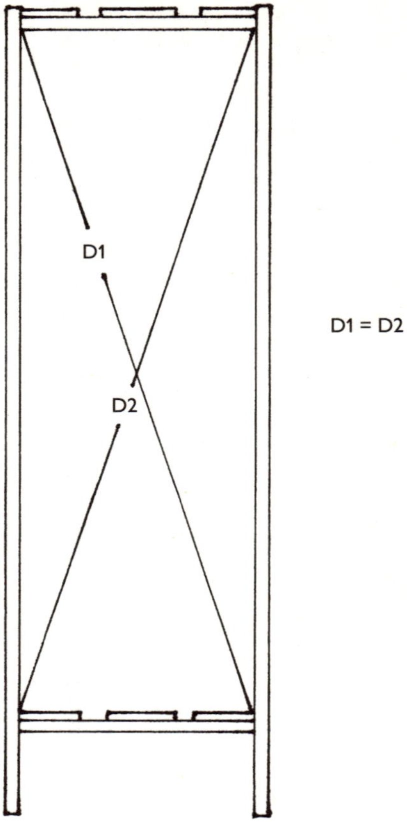

Abb. 3. Manchmal hilft ein wenig Geometrie: Sind die Diagonalen des Rechteckes gleich lang, so hat man in den Ecken rechte Winkel.

der Ecke endgültig fixiert. Der Rahmen ist fertig. Das dritte Brett wird mittig zwischen die beiden anderen gelegt und gleichfalls angeschraubt (Abb. 2).

2. Legen Sie nun einen der Regalböden hochkant auf den Erdboden. Er wird später das oberste Regal sein. Die Seitenteile bilden die 160 cm langen Latten.

Befestigen Sie je eine lange Latte an jeder Ecke der Schmalseite (4 Stück), mit der Oberkante bündig abschließend.

Nun wenden Sie sich dem zukünftig untersten Regalboden zu. Suchen Sie einen fertigen Regalboden aus. Legen Sie ihn an das andere Ende der langen Latten. Beginnen Sie mit der linken Seite. Messen Sie 15 cm von der unteren Ecke ab, und zeichnen Sie die Stelle mit einem Bleistift an. Dies ist nötig, damit Sie später mit einem Besen auch unter den Regalboden kommen. Schrauben Sie auf Höhe der Bleistiftmarkierungen den zweiten Boden an. Benutzen Sie auch hier jeweils 2 Schrauben für jedes Brett. Wiederholen Sie den Vorgang auf der rechten Seite des Regals. Noch macht die ganze Konstruktion einen »wackeligen« Eindruck.

3. Wählen Sie nun die optisch »schönere« Seite als zukünftige Front aus und legen Sie diese nach unten, so daß Sie weiter an der Rückseite arbeiten. Zur Kontrolle mißt man die Diagonalen im Rahmen. Richten Sie den Rahmen so aus, daß die Diagonalen gleich lang sind (Abb. 3). Liegt alles richtig, wird die Konstruktion mit einer diagonalen Latte endgültig fixiert. Legen Sie die 200 cm lange Latte von oben links nach unten rechts und schrauben Sie sie mit mehreren Schrauben fest. Die über den Rahmen hinausragenden Teile dieses diagonalen Brettes werden anschließend abgesägt. Setzen Sie die Zwischenbretter ein und fixieren Sie sie ebenfalls mit Schrauben. Zuletzt wird das Regal zweimal mit Farblack oder Leinölfirnis gestrichen (dazu das Kapitel »Holzschutz und Lacke« S. 36)

Was man stets zur Hand haben sollte

Welches Werkzeug braucht ein Pferdehalter?

Welche Werkzeuge sind für einen Pferdehalter überhaupt notwendig? Im großen und ganzen ähnelt seine Ausrüstung der eines Landwirtes: Sie brauchen robuste und qualitativ hochwertige Profimaschinen. Diese sind teuer, und deshalb empfiehlt es sich, vor dem Kauf genau zu überlegen, was man will, sich dann gründlich über die verschiedenen Produkte zu informieren und schließlich einen Preisvergleich vorzunehmen.

Wie Sie den Nagel auf den Kopf treffen

Bei meinen Rundgängen durch Stall und Koppeln darf mein Lieblingshammer, der Klauen- oder Zimmermannshammer, niemals fehlen. Mit ihm repariere ich herausgeschlagene Boxenbretter genauso schnell wie Zaunlatten. Ich schlage damit lange und kurze Nägel ein, ohne den Daumen zu treffen, und ziehe mit dem Schlitz am spitzen Ende vorstehende Nägel aus dem Holz.

Die Handhabung eines Hammers (Abb. 4 und 5)

Fassen Sie den Hammer am Stielende. Die Hand dabei nicht verkrampfen. Bei Arbeiten, die nicht so viel Kraft, aber größere Zielgenauigkeit verlangen, erfolgt die Bewegung aus dem Handgelenk. Um einen schweren Vorschlaghammer benutzen zu können, muß man zwei Hände gebrauchen und die Bewegung mit dem ganzen Arm, manchmal sogar mit dem ganzen Körper unterstützen.

Hammer, Nagel und das Material des

Ein paar Tips für den Kauf

- Nehmen Sie das Werkzeug oder die Maschine in die Hand: Können Sie sie bequem handhaben? Erreichen Sie die Bedienungshebel und Schalter? Läßt sich die Maschine einfach umrüsten?
- Hüten Sie sich vor allzu günstigen Sonderangeboten – aber hin und wieder kann man ein Auslaufmodell preiswert erwerben.
- Kaufen Sie schließlich nur, was Sie wirklich benötigen.

AUF EINEN BLICK

Das brauchen Sie auf jeden Fall!

- Schreinerhammer, Gummi- oder Holzhammer, Klauenhammer
- Kombizange, Kneifzange, Farmerzange
- verstellbarer Schraubenschlüssel, Satz Maulschlüssel
- Satz Schraubenzieher für Schlitz- und Kreuzschlitzschrauben
- Schere, Teppichmesser, Cutter
- Schleifstein, Stechbeitel, Meißel
- Raspel, Eisenfeile
- Zollstock und Wasserwaage
- 2 oder 3 verschiedene Handsägen für Holz und Metall
- Sortiment Schrauben, Nägel, Krampen
- Akkubohrschrauber, Schlagbohrmaschine und/oder Bohrhammer
- Handkreissäge, Motorsäge
- Hochdruckreiniger

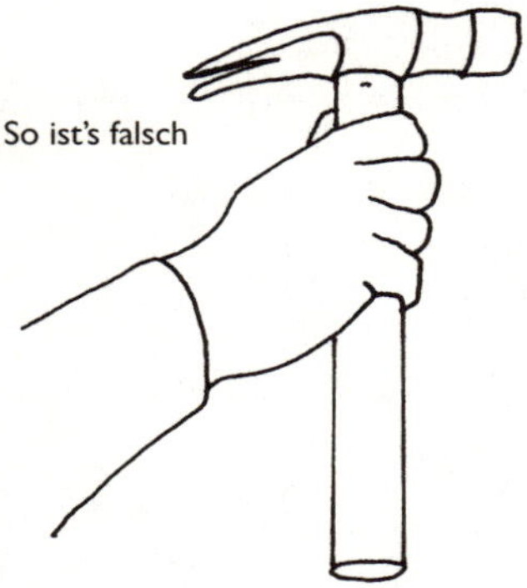

Abb. 4. So ist's falsch

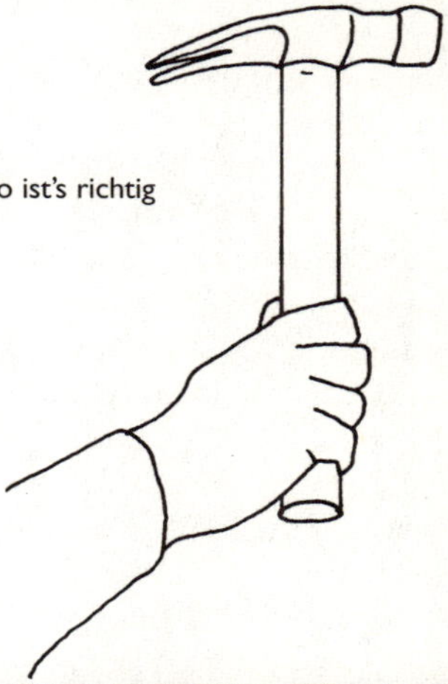

Abb. 5. So ist's richtig

Das kleine Werkzeug-ABC

- Kaufen Sie nie ein Werkzeug, ohne es vorher geprüft zu haben.
- Räumen Sie das Werkzeug täglich sorgfältig auf; verpacken Sie die schärfsten Klingen.
- Pflegen Sie das Werkzeug.
- Schleifen Sie die Schneiden regelmäßig.
- Mieten Sie die teuersten Maschinen.
- Vertrauen Sie schwierige Arbeiten einem Fachmann an. Dies gilt insbesondere für alle Arbeiten rund um die Elektrizität.
- Verschließen Sie Werkzeug und Maschinen.
- Verleihen Sie keine Werkzeuge. Sie passen sich Ihrer Hand an und könnten, unsachgemäß behandelt, Schaden nehmen.

Werkstückes müssen zusammenpassen. Führen Sie mit einem leichten Hammer keine schwereren Arbeiten durch: Es wird Sie zum einen sehr viel mehr Kraft kosten, zum anderen schädigen Sie den Nagel und das Material. Es gilt der Grundsatz: **Kleine Nägel – kleine Hämmer, große Nägel – große Hämmer.**

Gebrauchen Sie den Hammer nicht als Hebel. Das verträgt der Stiel nicht.

Der Hammer muß beim Nageln auf seiner Nagelfläche frei von Fett, Leim oder sonstigen Verschmutzungen sein. Mit einem verschmutzten Hammer läßt sich kein Nagel einschlagen.

Einsetzen eines neuen Hammerstieles

Wackelt der Holzstiel nur ein bißchen, genügt es, den Hammer über Nacht ins Wasser zu legen. Das Holz quillt auf, und der Hammer sitzt wieder fest. Hilft das nicht, muß der Stiel ausgetauscht werden.

Sie brauchen:

Material: Ersatzstiel, Keil aus Hartholz, Holzleim

Werkzeug: Raspel, Feinsäge, Hammer

So wird's gemacht

1. Mit der Raspel formen Sie das obere Ende des Stieles in der Breite des Hammerkopfes so, daß dieser leicht in die Öffnung des Hammerkopfes hineingesteckt werden kann. Den Stiel nicht schräg, sondern gerade formen!

2. Schneiden Sie den Kopf mit einer Feinsäge längs auf (parallel zur Richtung des Hammerkopfes). Sägen Sie etwas tiefer, als der Hammerkopf dick ist.

3. Nehmen Sie einen Keil aus Hartholz, der so breit ist wie die Öffnung des Hammerkopfes lang. Der Keil wird mit Holzleim bestrichen und mit einem Hammer eingeschlagen.

AUF EINEN BLICK

Tip aus der Praxis
Achten Sie beim Kauf eines Ersatzstieles darauf, daß kein Ast zu sehen ist – hier könnte er später brechen.

Von Nägeln und Schrauben

Nägel sind Stifte aus Metall (Eisen, Stahl, Kupfer, Messing und so weiter). Man verwendet Nägel mit flachen Köpfen beim festen Nageln (zum Beispiel beim Verbinden von Zaunlatten), Nägel mit rundem Kopf (Rundkopfstifte), um kleinere Eisenleisten, Scharniere, Riegel oder Haken zu befestigen.

Stahlstifte ohne Kopf braucht man,

Vorsicht!

Lockere Hammerstiele sind sehr gefährlich! Ein loser Hammerkopf kann zu einem schlagkräftigen Geschoß werden. Befestigen Sie ihn deshalb nur auf die oben beschriebene Art und nicht mit einer Schraube oder ähnlichem. Arbeiten Sie außerdem sehr sorgfältig!

wenn keine Nägel vorstehen dürfen, zum Beispiel im Innenbereich der Stallung. Daneben gibt es noch eine Reihe Spezialnägel, zum Beispiel Tapezierzwecken.

Schrauben werden im Gegensatz zu Nägeln nicht eingeschlagen, sondern eingedreht. Man unterscheidet sie nach der Form ihres Kopfes (Flachkopf, Rundkopf, Versenkkopf) und des Schlitzes für den Schraubenzieher (Kreuzschlitz- und Schlitzschrauben). Im weichen Holz gräbt sich der Schraubenkopf beim Eindrehen leicht ein. Wollen Sie das verhindern, legen Sie eine Beilagscheibe zwischen Schraubenkopf und Holz. Senkkopfschrauben dagegen verstärken das selbständige Eingraben und lassen den Kopf ganz verschwinden. Schrauben und Nägel kauft man schachtelweise. Die Maße werden mit zwei Zahlen angegeben, von denen die erste den Schaftdurchmesser, die zweite die Länge des Nagels oder der Schraube in Millimeter angibt.

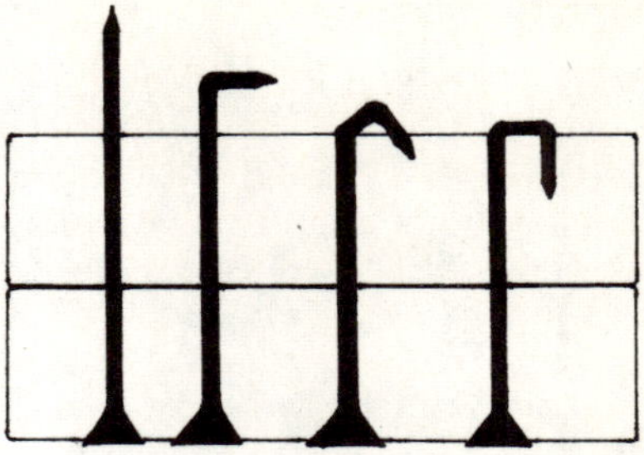

Abb. 6. Damit keine Nagelspitzen vorstehen, werden die Enden umgeschlagen.

Wie Pech und Schwefel – so halten Holzverbindungen

Genagelte Verbindungen

Am einfachsten und schnellsten verbindet man zwei Holzteile mit einem Nagel. Er muß in der Größe passen: Ist er zu dick, sprengt er das Holz; ist er zu kurz, so löst sich die Verbindung wieder. Er sollte also so lang sein, daß er mit zwei Dritteln seiner Schaftlänge in das untere Holz eindringt, und so stark, daß er sich leicht einschlagen läßt. Bei harten Hölzern empfiehlt es sich, vierkantige Nägel zu verwenden, da sie nicht so leicht krumm werden.

Dürfen keine Nägel hervorstehen (zum Beispiel in den Freßständern), dann verwendet man Drahtstifte mit Stauchkopf. Man schlägt sie mit einem Senkstift ca. 2–3 mm unter die Oberfläche. Die entstandene Vertiefung wird später mit Holzkitt überdeckt.

Wer Angst hat, sich auf die Finger zu hauen, der verwendet am besten eine Flachzange, um den Nagel festzuhalten.

Bretter mit Nägeln verbinden

Sie brauchen:

Material: 2 Bretter, Nägel, Bleistift
Werkzeug: Hammer, Lineal

So wird's gemacht

Zeichnen Sie mit einem Bleistift die Nagellinie oder die Nagelpunkte an. Nahe den Enden schlagen Sie zwei Heftnägel zu zwei Dritteln Länge ein, die die Konstruktion fixieren. Anschließend werden die restlichen Nägel schräg versetzt eingeschlagen (Abb. 7–11).

AUF EINEN BLICK

Tips aus der Praxis

- Nagelverbindungen sind haltbarer, wenn die Nägel nicht senkrecht, sondern schräg eingeschlagen werden. Noch besser ist es, versetzt schräg zu nageln.
- Wo es möglich ist, sollten Sie durchnageln und anschließend die Nagelspitzen umschlagen (Abb. 6).
- Müssen Sie einen langen Nagel auf ein Astloch setzen, taucht man ihn vorher in etwas Altöl ein. Er gleitet dann besser.

Abb. 7 bis 11. So werden zwei Holzteile miteinander verbunden:

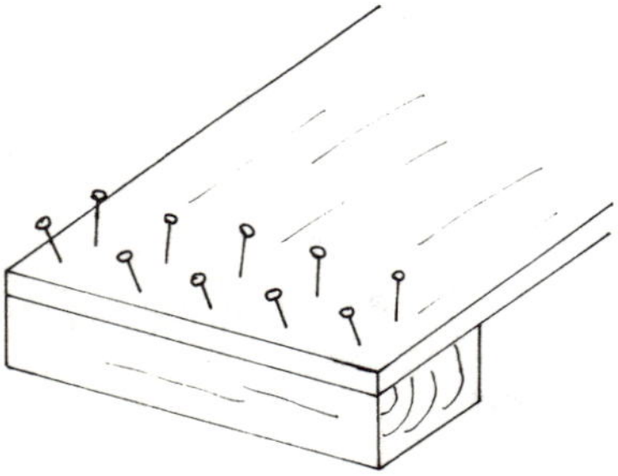

Abb. 7. Ein Brett und ein kleiner Balken

Abb. 9. Querverbindung

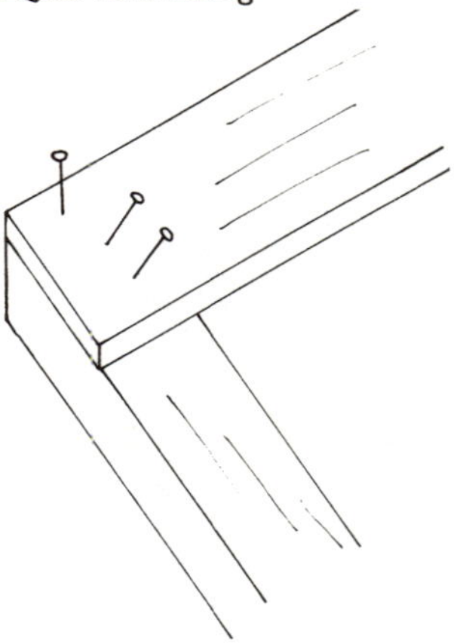

Abb. 8. Zwei Bretter und eine Leiste

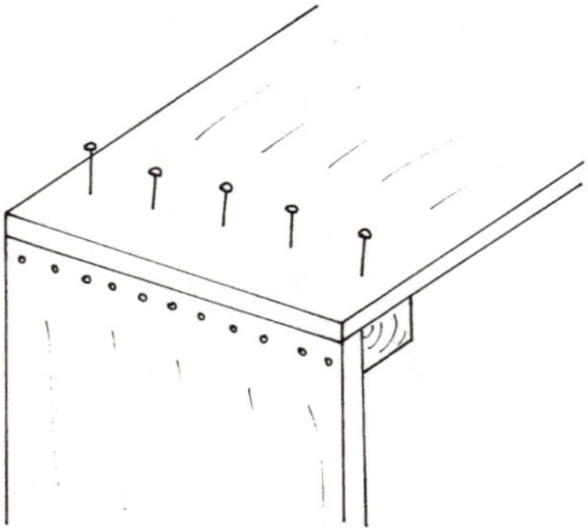

Abb. 10. Eckverbindung mit zwei Winkeleisen

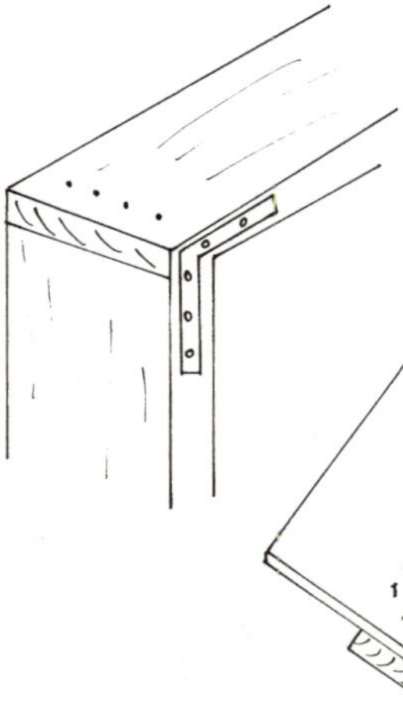

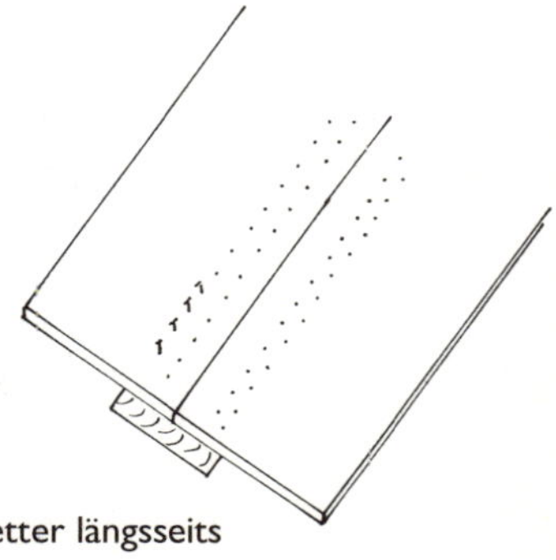

Abb. 11. Zwei lange Bretter längsseits

Geschraubte Verbindungen

Schraubverbindungen werden am häufigsten verwendet, weil sie haltbarer als genagelte Verbindungen sind und die Schrauben nach Bedarf festgedreht oder gelockert werden können. Die Stabilität einer geschraubten Verbindung hängt übrigens nicht vom Durchmesser der Schraube, sondern von ihrer Länge ab. Trotzdem muß die Länge der Schraube kürzer sein als die Stärke des Holzteiles, damit man sich nicht an vorstehenden Schraubenspitzen verletzt.

Während man Nägel ohne Vorarbeit direkt einschlägt, ist es bei Schrauben notwendig, das Loch vorzubohren. Der Bohrer sollte einen etwas geringeren Durchmesser haben als die Schraube selbst (Abb. 12 und 13). Kurze Schrauben können in weiches Holz auch direkt, ohne vorgebohrtes Loch eingedreht werden. Doch Vorsicht! Zu starke Gewalteinwirkung kann den Schraubenkopf abdrehen, besonders bei Schrauben aus Messing oder Aluminium.

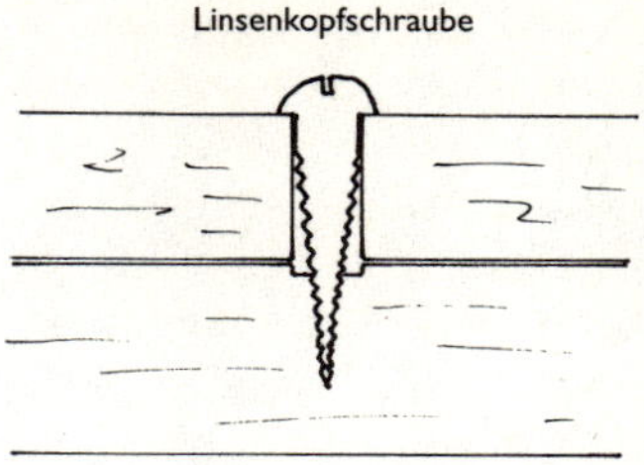

Abb. 12 und 13. Fast immer ist es nötig, die Löcher für Schrauben vorzubohren.

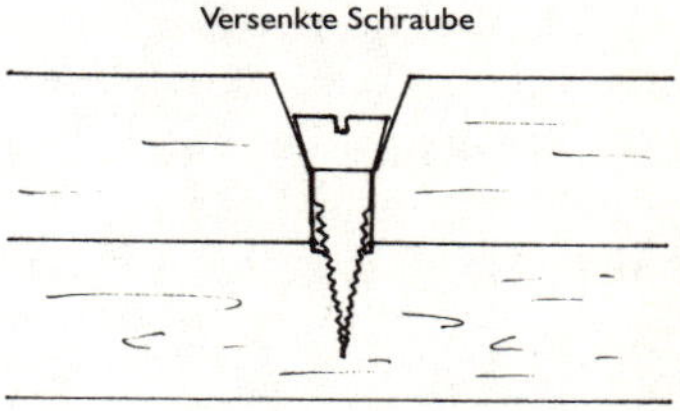

Wollen Sie Schrauben in Mauerwerk, insbesondere Ziegel, setzen, empfiehlt es sich, Dübel zu verwenden. Bohrloch, Dübel und Schraube müssen im Durchmesser aufeinander abgestimmt werden.

Festgerostete Schrauben lösen

- Schrauben im Holz lassen sich leichter lösen, wenn sie entlastet werden: Hängt Gewicht oder Druck an der Schraube, so entlasten Sie sie mit Keilen, Schraubzwingen oder durch einfaches Umlagern.
- Feuchte Holzteile läßt man trocknen, damit das Holz dann schrumpft.
- Festsitzende Schrauben löst man am besten, wenn man sie zunächst etwas nach rechts dreht und dann linksherum löst.
- Verrostete Schrauben kann man mit rostlösenden Mitteln (Petroleum, Kontaktspray) behandeln, die man mehrere Stunden einwirken lassen muß.
- Verrostete Schrauben-Mutter-Verbindungen lassen sich mit Hitze-Kälte-Behandlung lösen: Legen Sie das Werkstück in die Gefriertruhe (Kältespray geht auch). Heizen Sie dann rasch die Mutter mit einem Fön oder Heißluftgebläse auf. Die abgekühlte Schraube bleibt klein, während sich die Mutter ausdehnt.

Die Löcher dürfen nicht zu eng, die Schrauben nicht zu stark sein. Bei Spreizdübeln sollte die Schraube etwa 1,5–4 mm dünner als der Dübel sein. Winkel, T- oder Eckverbindungen aus Holz bekommen mehr Stabilität, wenn man Winkeleisen verwendet, die man mit passenden Schrauben fixiert.

Der Schraubenzieher

Entsprechend der Schraube unterscheidet man Schlitz- und Kreuzschlitzschraubenzieher. Beim Kauf dieses einfachen Handwerkszeuges (man kauft meist einen ganzen Satz) sollte man darauf achten, daß das Heft handgerecht geformt und die Klinge richtig geschliffen ist. Die Flächen müssen parallel, dürfen auch leicht konkav sein. Wenn sie angerauht sind, rutscht man nicht so leicht ab. Übrigens: Ein Schraubenzieher ist kein Stecheisen und sollte nicht als solches eingesetzt werden.

Wenn die Klinge des Schraubenziehers durch häufigen Gebrauch verbogen ist, bringt man sie mit etwas Geschick und einer Flachfeile wieder in Form. Klemmen Sie dazu den Griff in einen Schraubstock. Setzen Sie die Feile vorsichtig auf die Klinge des Schraubenziehers, und ziehen Sie die Feile in einer gleichmäßigen Bewegung mit etwas Druck nach oben. Dann setzen Sie erneut an. (Feile nicht wie eine Säge zurückziehen!) Achten Sie darauf, daß Sie die Klinge nicht zuspitzen.

> AUF EINEN BLICK
>
> **Tip aus der Praxis**
> Praktisch sind Schraubenzieher, die unterhalb des Griffes einen Sechskant haben, auf den man einen Ring- oder Gabelschlüssel als Hebel stecken kann.

Bohren mit Power – Die Bohrmaschine

Ohne eine Bohrmaschine wird niemand auskommen, der im Pferdestall selbst Hand anlegen will. Die reine Bohrmaschine gehört der Vergangenheit an: Bohrschrauber, Bohrhammer und die Schlagbohrmaschine sind in die Werkstätten der Heimwerker eingezogen, da sie leicht, bedienungsfreundlich und mit allerhand nützlichem elektronischem Know-how ausgerüstet sind.

Gute Bohrmaschinen sind teuer, weshalb Sie vor dem Kauf abwägen sollten, welches Grundgerät mit welchem Zubehör für welchen Zweck angeschafft werden soll. Wer Geduld und Zeit hat, wartet auf die Gelegenheit, ein Auslaufmodell zu erwerben. Wie auch immer, in jedem Fall sollte man ein gutes, leistungsfähiges Grundgerät erwerben, denn jedes Zusatzteil – ob Bohrer, Meißel oder Schrauber – ist nur so leistungsfähig wie die dazugehörige Maschine.

Bohrschrauber

Als Bohrschrauber werden Maschinen bezeichnet, mit denen man nicht nur bohren, sondern auch schrauben kann. Solche Maschinen haben einen Wahlschalter für Rechts- oder Linksdrehung. Wünschenswert ist daneben ein Drehzahlregler. Passend zu den Schrauben gibt es di-

Technische Begriffe

Drehzahl: Zahl der Umdrehungen pro Minute (U/min)
Drehzahlregelung: Ist von Vorteil, wenn man mit verschiedenen Werkstoffen arbeitet: Hohe Umdrehungsgeschwindigkeiten sind für weiches, niedrige für hartes Material geeignet. High-Tech-Maschinen sind mit einem Minicomputer ausgestattet, der automatisch die ideale Drehzahl wählt.
Drehmoment: Maßstab für die Kraft, mit der ein Gerät arbeitet; ergibt sich aus Kraft × Hebelarm.
Elektronische Drehmomentbegrenzung: Die Regulierung des maximalen Drehmoments ist notwendig, wenn man mit verschiedenen Materialien arbeitet oder wenn man serienmäßig Schrauben eindreht. Ist der eingestellte Wert erreicht, so schaltet die Maschine selbständig ab.
Elektropneumatisches Hammerwerk: Hier wird elektrische Energie aus der Steckdose in mechanische Schlagkraft umgesetzt.
Tachogenerator: Er sorgt dafür, daß die vorgewählte Drehzahl konstant gehalten wird.
Wicklungstemperatur-Überwacher: Leuchtdiode, die anzeigt, wann die Belastungsgrenze des Motors erreicht ist.

verse Bits (Schraubaufsätze, zum Beispiel in Kreuzschlitz- oder Schlitzform), die direkt in die Spindel oder wie ein Bohrer ins Bohrfutter gesetzt werden. Bei Bohrschraubern sind Magnethalter praktisch. Sie werden in das Futter eingespannt und halten die Bits mit Magnetkraft in einem Innensechskant fest.

Praktisch im Außenbereich sind sogenannte Akkuschrauber. Sie sind heute ebenfalls schon recht leistungsfähig und überall dort einzusetzen, wo kein Netzanschluß möglich ist.

Bohrhämmer

Muß ein geplatztes Wasserrohr in der Mauer freigelegt oder eine Zwischenmauer im Stall eingerissen werden, so werden Sie die Kraft und Mobilität eines Bohrhammers sicherlich bald zu schätzen wissen.

Diese nur knapp 2000 g schweren Maschinen sind äußerst vielseitig einsetzbar. Sie können bohren, schrauben, nageln, stemmen und meißeln, und man muß auch nicht Armmuskeln wie Arnold Schwarzenegger besitzen oder täglich ein Bodybuilding-Studio aufsuchen, um damit umgehen zu können. Die Bedienung wird durch ein pneumatisches Schlagwerk enorm erleichtert, so daß sich die Kraft, mit der die Maschine gegen das Mauerwerk gedrückt werden muß, verglichen mit einer Schlagbohrmaschine, auf etwa ein Sechstel reduziert.

Schlagbohrmaschinen

Für das Bohren in normalem Stein oder Mauerwerk ist die Schlagbohrmaschine ein guter Helfer. Im Gegensatz zum Bohrhammer arbeitet sie mit einem mechanischen Schlagwerk. Die Bedienung einer Schlagbohrmaschine erfordert daher mehr Kraft.

Bohren im Mauerwerk mit und ohne Schlag

So wird's gemacht

1. Bohrpunkt am Mauerwerk anzeichnen; markieren Sie ihn mit einem Kreis, damit Sie feststellen können, ob der Bohrer abgleitet.

2. Bohrer einsetzen, Funktionen kontrollieren; arbeiten Sie zunächst ohne Schlagwerk; geht es problemlos, so bohren Sie weiter. Der Feinstaub kann gleich beim Bohren mit der Düse des laufenden Staubsaugers aufgefangen werden, was den Arbeitsplatz sauber hält (es gibt auch ein spezielles Zusatzgerät im Heimwerkermarkt zu kaufen). **Bei Deckenarbeiten sollten Sie unbedingt eine Schutzbrille tragen!**

3. Bei Beton oder hartgebrannten Ziegelsteinen schafft es der Bohrer allein oft nicht mehr. Dann Schlagwerk zuschalten. Ist der Bohrer tiefer ins Mauerwerk eingedrungen, den Bohrer bei laufendem Motor immer wieder herausziehen, damit das Bohrmehl aus dem Bohrloch befördert wird. **Nicht die Bohrer anfassen – sie werden bei der Arbeit heiß!**

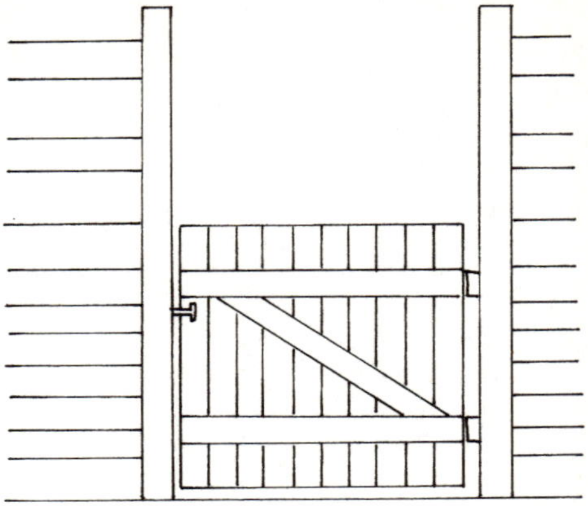

Abb. 14. Blick von außen: So soll die fertige Boxentür aussehen.

Die Boxentür (Abb. 14)

Sie brauchen:

Material: 1,8 m^2 abgelagerte Fußbodendielen, 28 mm dick; U- oder Winkeleisen (verzinkt 2 mm 30/30, 120 cm lang), 2 Scharnierbänder 80 cm lang, 2 Scharnierhaken, 8 Schrauben 5 × 60, 8 Sechskantschrauben, 2 Linsenkopfschrauben M8 × 80 mit Scheiben und Muttern, 2 Verschlüsse mit passenden Schrauben, 7 Schrauben 4,5 × 30

Werkzeug: 2 Sägeböcke, Kreis- oder Handsäge, Zollstock, Bleistift, Gummi- oder Holzhammer, Zimmermannshammer, Bohrschrauber, Stecheisen (Beitel), Wasserwaage

Bei Großpferden berechnet man die erforderliche Höhe der Boxentür folgendermaßen: 0,8 × Widerristhöhe. Bei Ponys (Stockmaß 140 cm) genügen üblicherweise 110 cm. Die Breite der Tür sollte 120 cm nicht unterschreiten, damit Pferd und Mensch durch die Tür passen, ohne anzustoßen.

So wird's gemacht

1. Bretter zuschneiden (dazu Kapitel »Ritsche Ratsche mit der Säge« und »Elektrische Sägen«): Messen Sie die Breite Ihrer Bretter mit dem Zollstock. Legen Sie sich so viele Bretter zurecht,

daß Sie nebeneinandergelegt die gewünschte Breite von 120 cm ergeben. Schneiden Sie ein Musterstück auf die Länge von 110 cm. Nach diesem werden die restlichen Bretter abgelängt. Schneiden Sie zwei Dielen auf 120 cm Länge. Sie dienen später als Querhölzer.

2. Korpus zusammenschrauben: Fixieren Sie das erste Dielenbrett auf der Werkbank mit zwei Schraubzwingen so, daß die »gute Seite« unten liegt. Legen Sie anschließend die restlichen Bretter passend daneben. Klopfen Sie mit dem Holzhammer auf die Kante des jeweils nächsten Brettes, so daß die Teile nahtlos aneinanderliegen. Korrigieren Sie eventuell die Lage der Enden mit leichten Hammerschlägen. Legen Sie die Querhölzer waagrecht (in einem Winkel von 90°) auf die Fußbodendielen. Nun drehen Sie mit dem Bohrschrauber jeweils zwei Schrauben pro senkrechtem Brett in jedes waagrechte. Die Schrauben sollten schräg versetzt sein, um besseren Halt zu gewährleisten. Beginnen Sie mit dem ersten und letzten Brett, damit sich die dicht aneinanderliegenden Dielenbretter nicht voneinander lösen.

Abb. 15. Es ist günstiger (weil ungefährlicher), die Tür rechts anzuschlagen: Fällt die Tür wieder zu, während Pferd und Führer durchgehen, kann der Mensch eingreifen, weil er zwischen Tür und Pferd steht.

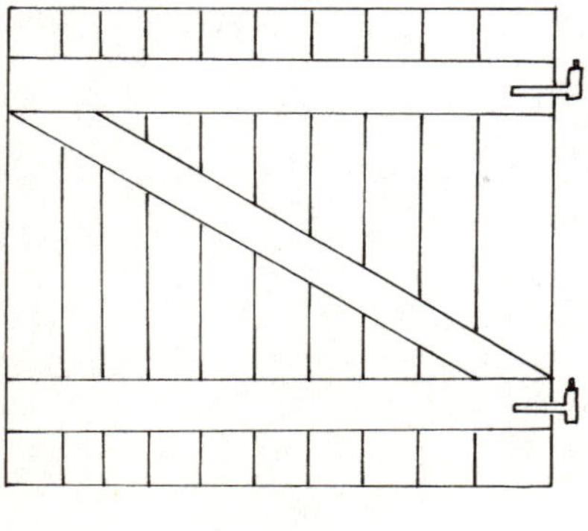

3. Diagonalholz anbringen (Abb. 15): Je nachdem, auf welcher Seite die Tür später angeschlagen werden soll, wird nun in der Diagonale ein Schrägholz eingesetzt. Bei einer rechts angeschlagenen Tür von rechts unten nach links oben, bei einer links angeschlagenen entsprechend umgekehrt. Die glatte Seite der Tür soll später zur Box zeigen. Legen Sie das Holz probeweise auf die Querstreben. Die Diagonalstrebe wird so wie auf der Skizze gezeigt ausgerichtet (die inneren Ecken der Querstreben sind später die inneren Enden). Die Kante der Querstrebe wird auf die Diagonalstrebe mit dem Bleistift übertragen und dort abgeschnitten. Der Schnitt muß außerhalb der Linie erfolgen, damit das Teil genau sitzen kann. Sie muß genau hineinpassen, weil sie später das Gewicht der Tür trägt. Mit einer Schraube an einem Ende wird die Strebe fixiert, mit dem Hammer das andere Ende eingepaßt und mit weiteren Schrauben über die ganze Länge der Diagonalstrebe befestigt.

4. Beschläge anbringen: Tragen Sie die Tür mit den Scharnierbändern und Haken zum Stall, und legen Sie an der Türzarge die Befestigungshöhe mit einem Bleistift fest (mit der Wasserwaage nachprüfen!). Tür ablegen. Legen Sie das Langbandscharnier mittig auf das Querholz. Zeichnen Sie die Löcher für die Schrauben an. Bohren Sie die Löcher mit dem Bohrschrauber vor. Fixieren Sie anschließend das Scharnierband mit Linsenkopfschrauben (glatte Seite zur Box) und Sechskantholzschrauben.

Türen einhängen

Haben Sie Probleme beim Einsetzen der Tür, organisieren Sie sich einen Helfer, der das untere Scharnier im Auge behält oder, noch besser, die Tür dort führt.

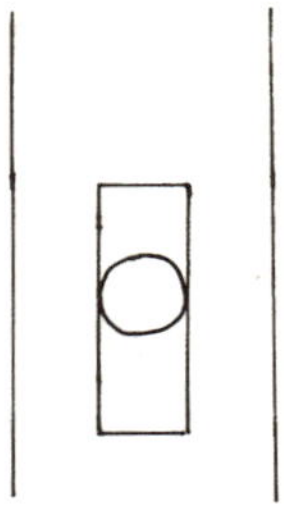

Abb. 16. Die einfachste Methode, dem Riegel ein Widerlager zu bieten, ist, ein Loch in die Zarge zu stemmen.

Das Gegenstück zum Scharnierband sind die Scharnierhaken, in die die Tür später eingehängt wird. Der Dorn des unteren Hakens zeigt nach oben, der des oberen nach unten, damit das Pferd später die Tür nicht selbst ausheben kann. Halten Sie die Scharnierhaken an die Bleistiftmarkierungen, und zeichnen Sie die Schraubenlöcher an. Bohren Sie die Löcher vor. Die Schrauben müssen guten Halt finden. Ist dies nicht gewährleistet, so sollten Sie lieber Dübel verwenden. Befestigen Sie die beiden Scharnierhaken mit den Schrauben (5 × 60). Hängen Sie die Tür probeweise ein. Zeichnen Sie die Höhe der Riegel an.

5. Die Verschlüsse: Für Tüftlerpferde und Klopfgeister empfehlen sich zwei Riegel, einer oben und einer unten, denn doppelt hält besser.

Da die mitgelieferten Schellen der Riegel für Pferde in aller Regel zu schwach ausgelegt sind, sollte man den Riegel in die Zarge (meist ist es ein stabiler Holzbalken) greifen lassen. Halten Sie die Riegel an die Tür. Schieben Sie sie zu, und zeichnen Sie die Umrisse und Schraubenlöcher mit Bleistift an. Markieren Sie die Stelle, wo der Riegel in die Zarge greifen soll. Hängen Sie die Tür wieder aus. Bohren Sie die Löcher für die Schrauben vor und befestigen Sie den Türriegel. Stemmen Sie mit dem Stecheisen einen Schlitz in die Zarge, in die der Riegel greift (Abb. 16).

Wenn die Tür klemmt

- Wenn eine Tür am Innenfalz klemmt, biegen Sie mit einer großen Zange das Scharnier etwas nach außen.
- Wenn eine Tür am Außenfalz klemmt, biegen Sie das Scharnier nach innen, zur Falzseite hin.
- Klemmt oder schleift eine Tür an der Unterseite, hängt sie schief. Handelt es sich nur um wenige Millimeter, so kann man das ausgleichen, indem man die Schrauben der Scharnierhaken lockert oder straffer anzieht. Größere Differenzen korrigiert man mit Unterlegscheiben.

6. U-Eisen montieren: Um den heftigen Nagebestrebungen unserer Vierbeiner vorzubeugen, ist an der oberen Kante der Tür ein U-Eisen vorgesehen. Schieben Sie das U-Eisen auf die Oberkante der Tür, und befestigen Sie es mit den Kreuzschlitzschrauben. Zeichnen Sie sieben Löcher an, und bohren Sie diese vor.

7. Holzschutz: Die Tür kann entweder mit Lack gestrichen werden (wie das gemacht wird, beschreibt das Kapitel »Farben und Lacke« S. 36), oder Sie verwenden Leinölfirnis.

Achten Sie darauf, daß Sie ungiftige Lacke verwenden, denn jedes Pferd leckt oder nagt an der Boxentür.

Scharfe Sachen mit Biß: Messer und Sägen

Ein richtiger Horseman hat stets ein Messer in der Tasche! Egal, ob Heuband, Wickelfolie oder ein verklemmter Strick durchtrennt, ein Lederriemen gekürzt, ein in Panik geratenes Pferd befreit, das Elektroband auf die richtige Länge gekürzt werden muß: ein scharfes, funktionstüchtiges Messer findet überall Verwendung.

Spezialisten ans Werk

Beim Wanderritt gehört das gute alte Taschenmesser zur Standardausrüstung, weil es ein echter Allrounder ist. Leider kann man mit ihm keine schwere und exakte Arbeit erledigen. In diesen Fällen sollte man auf eigens dazu entwickelte Schneidgeräte wie Sägen, Teppichmesser und Cutter zurückgreifen. Das Teppichmesser beispielsweise, in seiner bunten Plastikhülle, durchtrennt selbst dünne Äste und paßt in jede Jackentasche.

Teppichmesser oder Cutter sind mit Klingen ausgerüstet, die sich entweder abbrechen oder einfach auswechseln lassen. Nach Gebrauch schiebt man die Klinge in den Griff zurück. Für schwerere Arbeiten muß man zur Säge greifen. Eine Ast- oder Baumsäge, ein Fuchsschwanz und eine Feinsäge dürfen in der Werkstatt des Pferdehalters nicht fehlen. Eine große Spannsäge kann das Sortiment ergänzen.

Der Schnitt der Säge unterscheidet sich grundlegend von dem einer Schere: Die Zähne der Schneidfläche der Säge zermahlen beim Schneiden einen schma-

Bäume auslichten

Für im Saft stehendes Holz (zum Beispiel Baumäste, Stangenholz, nicht abgelagerte Bretter) verwendet man eine grobgezähnte Säge.
Müssen in altem Baumbestand große Äste oder ganze Baumkronen abgetrennt werden, sollten diese aus Sicherheitsgründen mit einem langen, dicken Seil (Longe) gesichert werden, um ihnen beim Fallen die Richtung zu weisen.
Um zu verhindern, daß das lebende Holz einreißt, schneidet man zuerst an der Unterseite einen Keil, der ungefähr ein Drittel so tief ist wie der Ast dick. Große Schnittstellen an lebenden Bäumen werden anschließend mit Baumwachs verschlossen.

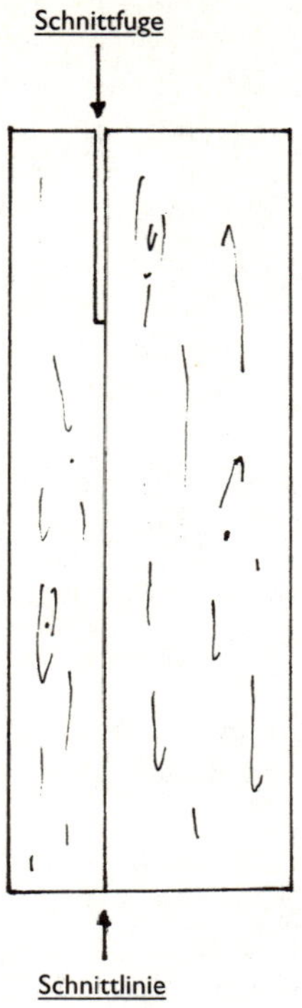

Abb. 17. Setzen Sie die Säge knapp neben der Schnittlinie auf.

len Spalt des Materials. Es entsteht eine schmale Schnittfuge. Damit die Bretter nicht zu kurz geraten, muß man stets knapp neben der Markierung sägen und nicht auf ihr.

Ritsch, Ratsch mit der Säge …

Nicht jedes Brett und jede Stange kann man im Holzhandel zuschneiden lassen. Von Zeit zu Zeit werden Sie auch selbst einmal Hand anlegen müssen. Damit Sie ein Gefühl für die Arbeit mit einer Säge bekommen, suchen Sie sich einige dünne Bretter zum Üben. Machen Sie die ersten Schnitte mit einer Handsäge (zum Beispiel mit dem Fuchsschwanz). Später werden Sie den Luxus einer elektrischen Säge schätzen lernen.

Der Umgang mit der Säge

So wird's gemacht

1. Legen Sie die »gute Seite« des Materials nach oben, da eine Säge die Kanten des Werkstückes immer auf der Unterseite des Schnittes aufreißt. Zeichnen Sie die Schnittlinie an. Ein Winkeleisen sorgt für eine gerade Linie.

2. Das Brett wird mit der linken Hand fest auf den Werktisch gepreßt oder, noch besser, mit einer Schraubzwinge fixiert. Mit der rechten Hand führt man die Säge (bei Linkshändern ist es umgekehrt). Setzen Sie die Säge knapp neben der Linie an das Werkstück an (Abb. 17). Damit die Säge richtig greift und das Holz nicht aussplittert, zieht man sie zuerst einige Male rückwärts über die Brettkante, bevor man mit dem eigentlichen Sägen beginnt (Abb. 18).

AUF EINEN BLICK

Tip aus der Praxis
Zum Anzeichnen der Schnittlinie verwendet man einen Bleistift: Die Tinte des Filzschreibers zieht in das Holz ein und läßt sich nicht mehr entfernen, Kugelschreiber schmieren.

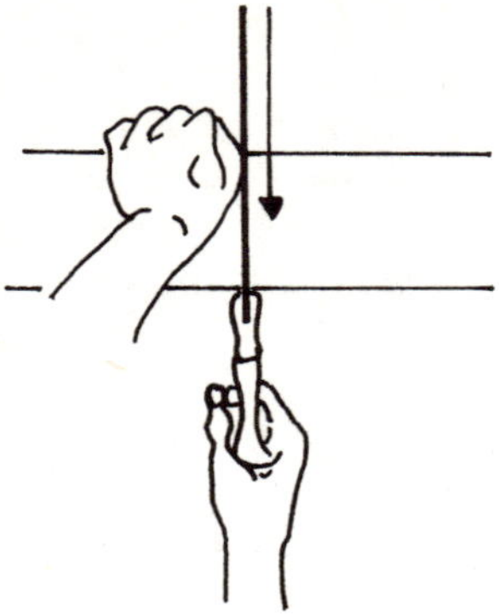

Abb. 18. Ziehen Sie die Säge zunächst einige Male rückwärts über die Brettkante.

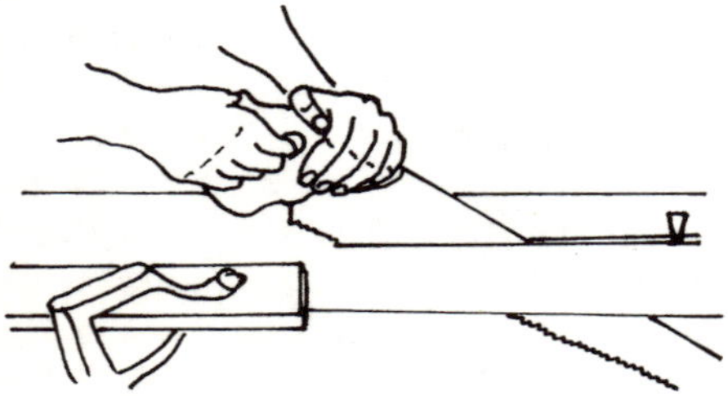

Abb. 19. Sägen Sie in langen, ruhigen Zügen, wobei Sie nur beim Vorstoßen Druck ausüben.

3. Sägen Sie in langen, ruhigen Zügen. Kurze, hektische Sägebewegungen ermüden die Hand rasch. Druck wird nur beim Vorstoßen ausgeübt, nicht beim Zurückziehen, da sonst das Sägeblatt heiß wird (Abb. 19). Je steiler Sie die Säge halten, desto mehr reißt das Holz. Am besten wird in einem Winkel von 45° zum Werkstück gesägt (Abb. 20).

Werden lange Bretter bearbeitet, so sollte ein Helfer das abzutrennende Stück festhalten, damit das Holz an der Schnittkante nicht zuletzt wegbricht. Sollen mehrere Bretter auf die gleiche Länge gebracht werden, so kann man das erste als Schablone benutzen.

Neuer Biß für scharfe Sachen: Schärfen und Schränken

Betrachtet man die Zähne der Säge genau, erkennt man, daß sie abwechselnd nach links und rechts gebogen sind. Man sagt: Die Säge ist geschränkt. Damit die Säge bei jedem Gebrauch optimal arbeitet, muß man sie hin und wieder schärfen und die Zähne wieder in die richtige Richtung biegen (schränken).

Sie brauchen:

Werkzeug: Schraubstock, Schränkeisen, zur Säge passende Eisenfeilen

So wird's gemacht

Spannen Sie die Säge in den Schraubstock. Setzen Sie das Schränkeisen auf jeden zweiten Zahn auf, und ziehen Sie es bei jedem einzelnen Zahn einmal nach unten. Drehen Sie die Säge auf die andere

Abb. 20 (links). Versuchen Sie, die Säge in einem Winkel von 45° zum Werkstück zu halten.

Warum frißt sich das Sägeblatt fest?

- Die Zähne sind nicht ausreichend geschränkt (siehe dazu »Säge schränken« S. 26).
- Die Säge ist mit Harz verklebt. Reinigen Sie sie mit Terpentin.
- Das Holz versucht, die Schnittfuge wieder zu schließen. Stecken Sie einen kleinen Keil zwischen die beiden Holzteile, so daß sie auseinander gedrückt werden.

Seite, und bearbeiten Sie die verbliebenen Zähne.

Nehmen Sie eine passende Eisenfeile. Setzen Sie das Feileisen am Ende auf, und drücken Sie es nach vorne. Setzen Sie die Feile ab. Verfahren Sie drei- bis fünfmal in derselben Weise. **Achtung! Feile nicht zurückziehen, sondern immer neu ansetzen!**

Elektrische Sägen

Müssen Bretter größerer Stärke, Zaunlatten oder Rundhölzer bearbeitet werden, so wird das Sägen mit der Hand zur schweißtreibenden Arbeit. Mit der elektrischen Säge erledigen Sie diese Tätigkeiten in kürzerer Zeit, mit geringerem Kraftaufwand und nach einiger Übung auch sehr viel genauer. Inzwischen gibt es fast jede Sorte von Handsägen mit elektrischem Antrieb: Elektrofuchsschwanz, Stichsäge, Kreissäge, Doppelblattsäge, Bandsäge, Kettensäge. Man kann sie als mobile Handsäge oder in der größeren Ausführung als stationäre Säge bekommen. Letztere sind heute nicht mehr mit den Ungetümen aus den Sägewerken vergangener Tage zu vergleichen. Allerdings ist es gut, wenn man weiß, daß man das Gros der modernen Handsägen mit Hilfe eines Kombitisches zu stationären Sägen umbauen kann.

Immer den richtigen Dreh – die Kreissäge

Ihr liebstes Kind in Ihrer Werkstatt rund ums Pferd wird vermutlich die Kreissäge sein. Sie hat ihren Namen von dem rotierenden, schallplattenförmigen Sägeblatt, an dessen Außenkante sich die Zähne befinden. Das Sägeblatt kann ausgewechselt werden, weshalb diese Säge unglaublich vielseitig eingesetzt werden kann: Sie schneiden damit Bretter, Latten, Platten und Rundhölzer ebenso leicht wie Kunststoffe, Metalle und vieles andere mehr.

Arbeiten an der Kreissäge

So wird's gemacht

1. Ansägen: Das Werkstück wird mit Schraubzwingen fixiert, die Sägelinie mit Bleistift angezeichnet. Halten Sie die Maschine mit beiden Händen an den dafür vorgesehenen Griffen. Schalten Sie die Maschine an. Setzen Sie die Führungsnase an der Vorderkante der Sägegrundplatte an das Werkstück. Vergessen Sie nicht, daß Sie nicht auf, sondern neben dem

Bleistiftstrich schneiden wollen. Führen Sie das Sägeblatt vorsichtig an das Werkstück heran. Die Maschine muß ruhig bleiben, wenn Druck auf das Sägeblatt kommt.

2. Der Schnitt: Achten Sie auf das Kabel der Maschine! Es darf nicht in die Nähe der Sägelinie kommen. Bei längeren Schnitten, zum Beispiel bei Spanplatten, versucht das Holz manchmal, die Fuge wieder zu schließen. Ein kleiner Keil im Sägespalt hinter der Maschine verhindert, daß sich die Maschine festfrißt. Schieben Sie die Maschine mit einer gleichmäßigen Bewegung vorwärts, und erschrecken Sie nicht, wenn schließlich das abgetrennte Ende herunterfällt.

Motorsägen

Die Kettensäge ist eine Maschine für grobe Arbeiten. Sie leistet sehr viel, jedoch erfordert ihre Handhabung Kraft und Übung. Der Pferdehalter wird sie zum Beispiel brauchen, um Pfosten für den Zaun oder Hindernisstangen abzulängen. Wie ihr Name verrät, arbeitet diese Maschine mit einer Kette aus geschliffenen Gliedern. Sie wird – ähnlich einer Antriebskette fürs Moped – in einer Nut um das Schwert herumgeführt. Die Sägekette muß mit einer gewissen Spannung an letzterem anliegen. Sie darf nicht zu straff und nicht zu locker sitzen. Lockere Ketten sind besonders gefährlich, weil sie bei der Arbeit vom Schwert springen könnten. Die Spannung ist richtig, wenn sich die Kette in kaltem Zustand ca. 3 mm vom Schwert abheben läßt. Vor jedem Einsatz muß dies überprüft und – wenn nötig – nachgestellt werden. **Tragen Sie bei der Arbeit mit der Kettensäge stets eine Schutzbrille, Handschuhe, Gehörschutz und vor allen Dingen festes Schuhwerk (Lederstiefel)!**

Scharfe Eisen

Vertiefungen und Aussparungen bei Werkstücken aus Holz, wie sie beispielsweise bei Nuten, Zinken oder Überlattungen benötigt werden, kann man gezielt und millimetergenau mit dem Beitel herausstechen. Beitel werden stets in Kombination mit einem Holzhammer verwendet. Mit wohldosierten Hammer-

Sicherheit hat Priorität!

- Beachten Sie immer und unbedingt die Bedienungsvorschriften!
- Kreissägen müssen immer mit einer Pendelhaube, einer Sägeblattabdeckung, einem Spaltkeil und – bei Handkreissägen – mit Handgriffen ausgestattet sein.
- Tragen Sie bei der Arbeit eine Schutzbrille.
- Machen Sie es sich zur Gewohnheit, stets den Stecker aus der Dose zu ziehen, wenn Sie die Maschine nicht mehr brauchen oder sie umrüsten wollen.
- Arbeiten Sie konzentriert, und lassen Sie sich durch nichts ablenken.
- **Lassen Sie keine Kinder in die Nähe laufender Maschinen!**

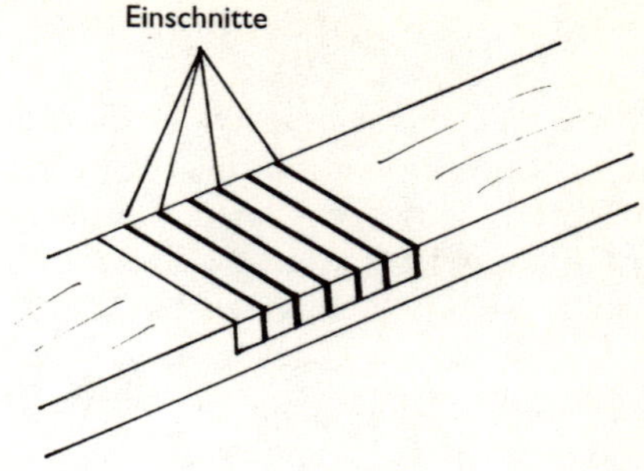

Abb. 21 und 22. Bei flächigen Vertiefungen werden zunächst mit der Säge einige parallele Schnitte im Holz angebracht und die einzelnen Holzlamellen vorsichtig mit dem Beitel ausgestochen.

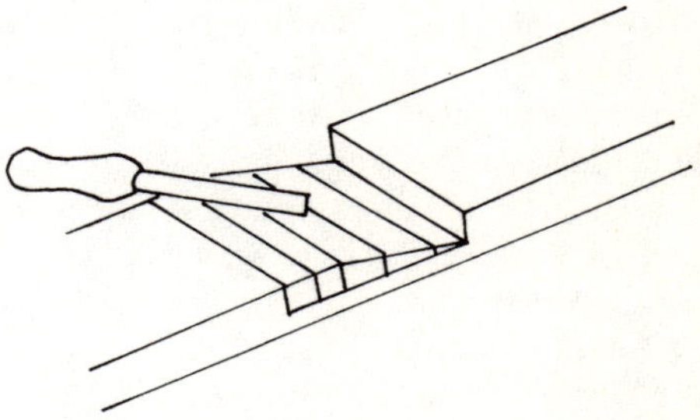

schlägen auf das Buchenholzheft treibt man die angeschrägte Klinge aus hochwertigem Werkzeugstahl in das Holz. Müssen größere Flächen oder Vertiefungen ausgehoben werden, so bringt man mit der Säge einige parallele Schnitte im Holz an und sticht mit dem Beitel die Holzlamellen aus (Abb. 21 und 22).

Der Sattelbock

Sattelböcke sollten nicht nur stabil sein, sondern auch attraktiv aussehen. Verwenden Sie daher allseitig gehobelte Kiefern-

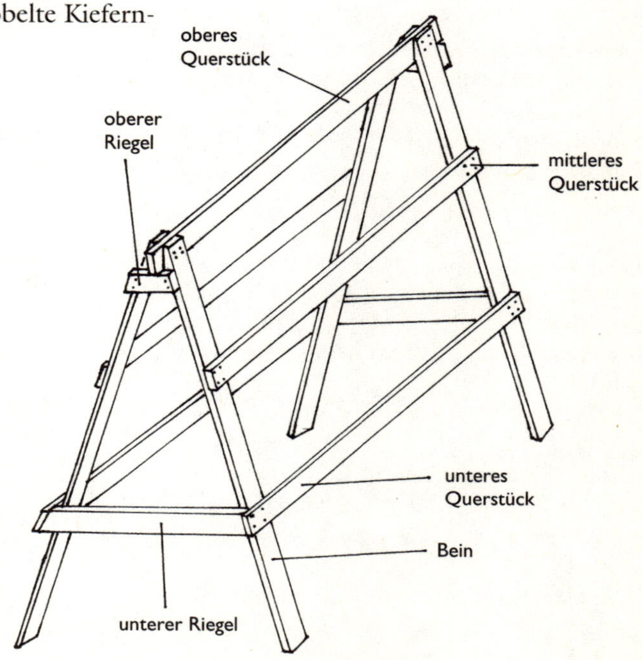

Abb. 23. So soll der Bock später aussehen.

oder Fichtenbretter oder Zuschnitte aus Kiefern-Leimholz.

Wenn Sie einen solchen Bock selbst bauen, können Sie ihn individuell für Ihren Sattel anfertigen. Bei der Stückliste werden – aufgrund der Vielzahl von Satteltypen in unterschiedlichsten Größen und Ausmaßen – keine genauen Maße angegeben. Messen Sie die Länge der Auflagefläche Ihres Sattels aus, und geben Sie auf jeder Seite 2–5 cm dazu. Messen Sie die Höhe bei herabhängenden Bügeln, und lassen Sie hier 10–20 cm Spielraum. Nun haben Sie ein Richtmaß für Höhe und Länge des Sattelbockes. Weil die Holzbeine schräg nach außen stehen, müssen sie etwas länger sein als das Höhenmaß.

Sie brauchen:

Material: gehobelte Kiefernbretter 40 × 100 mm, ca. 40 Versenkkopfschrauben, Grundlack, Klarlack, Kitt

Werkzeug: Fuchsschwanz oder Kreissäge, Bohrschrauber mit Bohrer und Versenker, Pinsel, Bandschleifer, Schleifpapier grob und fein

So wird's gemacht

1. Zuschnitt: Die vier Beine auf Länge schneiden. Das oberste Querholz, auf dem der Sattel aufliegt, zuschneiden. Brechen Sie die Kanten mit grobem Schleifpapier (zum Beispiel mit dem Bandschleifer). Schrägen Sie danach die oberen Enden der vier Beine mit dem Fuchsschwanz oder der Tischkreissäge so weit an, daß sich das Querholz später vollflächig an die schräggestellten Beine fügt (Abb. 24).

2. Legen Sie das erste Beinpaar auf den Boden; fügen Sie das oberste Querholz ein (es steht nun nach oben). Zeichnen Sie die Löcher für die Schrauben an (vier Schrauben für jedes Bein). Legen Sie die Beine auf die Werkbank, und bohren Sie die Löcher vor. Mit dem Versenker werden die Löcher im obersten Bereich so erweitert, daß der Schraubenkopf später ganz im Holz verschwindet. Setzen Sie die Teile wieder zusammen, und drehen Sie die Schrauben ein. Verfahren Sie mit dem zweiten Beinpaar ebenso.

Im oberen Bereich der Schmalseite sorgt ein kleiner Riegel aus Holz für Stabilität. Setzen Sie dazu ein kleines Stück Holz knapp unter das obere Querholz von außen gegen die Beine. Zeichnen Sie die überstehenden Kanten mit dem Bleistift an. Sägen Sie sie passend ab. Brechen Sie die Kanten mit grobem Schleifpapier (zum Beispiel mit dem Bandschleifer). Passen Sie den Riegel ein. Zeichnen Sie mit Bleistift zwei Löcher für die Schrauben an. Verfahren Sie wie bei 1.

Abb. 24. Die oberen Enden der Beine müssen abgeschrägt werden, damit sie sich vollflächig an das Querholz anfügen.

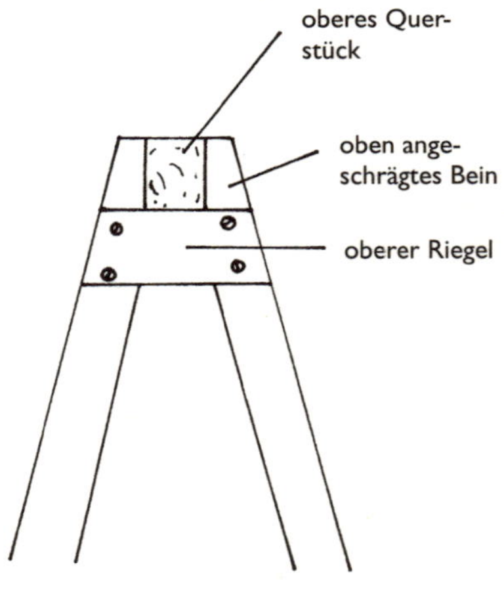

3. Die unteren und mittleren Querhölzer: Die Höhe der unteren und mittleren Querhölzer können Sie selbst festlegen. Für leichte englische Sättel können Sie auf mittlere Querhölzer verzichten. Beginnen Sie mit dem unteren Riegel. Legen Sie eine Latte an die Beine. Zeichnen Sie die Schnittkante mit Bleistift an. Dieses Stück können Sie als Muster für den gegenüberliegenden Riegel verwenden. Verfahren Sie wie unter 2. beschrieben. Legen Sie das untere Querstück an, und zeichnen Sie die Schnittkante an. Auch dieses können Sie als Muster für das Gegenstück verwenden. Befestigen Sie das Querholz mit vier Schrauben. Beim mittleren Querstück verfahren Sie ebenso.

4. Verkitten der Schraubenlöcher: Mit dem Spachtel wird über die Schraubenköpfe in die Bohrlöcher Holzkitt gedrückt. Wichtig ist, daß der Kitt bündig mit der Holzoberfläche abschließt.

5. Schleifen und Lackieren (Genaueres dazu finden Sie im Kapitel »Farben und Lacke« S. 36):

Wenn der Kitt hart geworden ist, wird mit grobem Schleifpapier geschliffen. Danach müssen Sie mit der Bürste den Schleifstaub gründlich entfernen. Tragen Sie den Grundlack auf. Lack gut trocknen lassen, mit feinem Schleifpapier anschleifen und schließlich sorgfältig den Abschlußlack anbringen (auf Laufnasen achten!).

Böcke serienmäßig bauen

- Wollen Sie mehr als einen Bock mit gleichen Maßen bauen, so können Sie jeweils ein Teilstück als Muster benutzen.
- Beschriften Sie die Einzelteile mit Bleistift, und legen Sie die jeweils zu einem Sattelbock gehörenden zusammen.
- Am oberen Querholz kann ein Garderobenhaken als Trensenhalter oder ein Schildchen mit dem Pferdenamen angebracht werden.

Make-up fürs Holz

Chemischer Holzschutz – ja oder nein?

Gerade bei Anlagen, in denen Pferde untergebracht sind, ist Holz einer der am häufigsten verwendeten Rohstoffe, sei es im Stall, bei Außenanlagen oder im Zaunbau. Der Umgang mit diesem Werkstoff ist heute viel einfacher geworden. Im Handel werden zahlreiche Fertigteile angeboten, von der Zaunlatte bis zur Box, vom Offenstall im Baukastensystem bis zum fertigen Weidetor.

Der Naturstoff Holz ist dem Abbau durch biologische Einflüsse unterworfen: Im Freien muß man es gegen Pilzbefall, Insekten- (und Pferde-)fraß schützen.

Andererseits ist man zu Recht darauf bedacht, auf giftige Holzschutzmittel möglichst zu verzichten. Das geht zwar nicht in jedem Fall, aber viel häufiger, als man zunächst annehmen möchte. Chemischer Holzschutz ist lediglich bei tragenden Bauteilen im Hochbau vorgeschrieben, im Außenbereich sollte man ihn aus den oben genannten Gründen anwenden. Ansonsten, insbesondere beim Innenausbau, kann man selbst entscheiden, ob und in welchem Maße er nötig ist.

Einiges zum Thema Holz

Vermeiden läßt sich der Einsatz von Holzschutzmitteln durch den bewußten Holzkauf, denn Holz ist nicht gleich Holz. Die Haltbarkeit ist von Sorte, Holzgewinnung und Lagerzeit abhängig.

Die Bäume sollten möglichst im Winter geschlagen worden sein, wenn wenig Saft im Stamm ist. Vor dem ersten Ar-

Rechts:
So hübsch gestaltet fügt sich ein befestigter Weg harmonisch in die Anlage ein.

AUF EINEN BLICK

Tips aus der Praxis

- Achten Sie beim Einkauf auf chemisch vorbehandeltes Holz. Verzichten Sie insbesondere im Innenbereich auf solche Hölzer!
- Sie sollten außerdem nur einwandfreies, trockenes, abgelagertes Holz, ohne Risse und Astlöcher, kaufen.

AEG
PHE 20 RL-MF2
BOSCH
UNIROPA

beitsgang im Sägewerk muß der Rohstoff sachgerecht und ausreichend lange gelagert werden. Die geschnittenen Bretter wiederum müssen waagrecht und luftig liegen. Man braucht schon ein wenig Spürsinn und Erfahrung, um gut abgelagertes, trockenes Holz zu erkennen. Läßt sich bei einem nicht bearbeiteten Brett die Rinde beinahe von selbst lösen, so können Sie davon ausgehen, daß es trokken ist.

Im Außenbereich empfiehlt es sich, Hölzer zu verwenden, die eine gewisse Resistenz gegenüber den Verwitterungsprozessen mitbringen. Schon unsere Großväter bevorzugten beispielsweise Eichenpfosten beim Zaunbau, weil diese nicht so schnell verrotten.

Wichtig ist, wenn man Holz als Werkstoff einsetzt, zu wissen, daß Holz drei Richtungen hat, die unterschiedlich schwinden und quellen: Die Faserrichtung (längs) tut dies am wenigsten, die Radialrichtung (Jahresringe) etwas mehr (und zwar von außen nach innen) und die Querrichtung am meisten.

Welches Holz wofür? (Abb. 25)

Im Außenbereich (Stallbau, einfacher Zaunbau und so weiter) verwendet man Bauholz. Es handelt sich zumeist um Fichten- und Eichenstämme, die in Klotzbretter zersägt wurden. Ist die Rinde noch am Brett, so nennt man dies roh, während bei besäumten Brettern die Kanten bereits parallel verlaufen. Im Bereich des Bauholzes findet man:

- Schalbretter (27 mm dick, 50 cm breit, 250 cm lang)
- Balken (immer kubisch und ebenfalls genormt)
- Latten (zum Beispiel Dachlatte oder Doppeldachlatte)

Im Innenbereich (alle Arbeiten, die mit dem Schreinern zu tun haben) verwendet man Hobelware, entweder zugeschnittene Bretter, Bodenriemen, Bohlen oder Leisten.

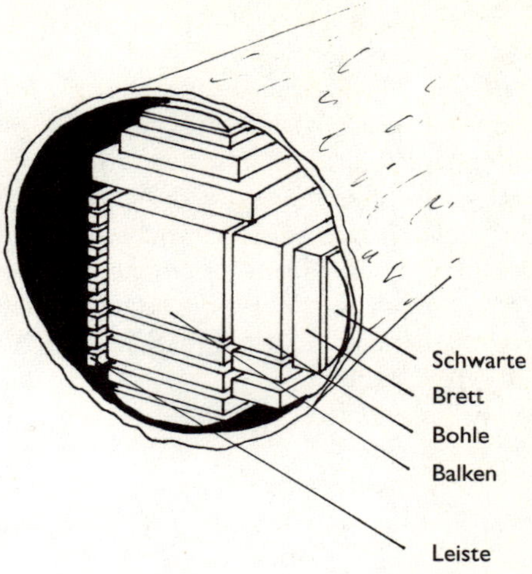

Abb. 25. So wird ein Stamm im Sägewerk verarbeitet.

Links oben:
Ein gut sortierter Werkzeugkasten ist die Grundlage für jede handwerkliche Tätigkeit.
Links unten:
Im Sortiment der elektrischen Geräte sollten Bohrhammer, Akkubohrschrauber und Schlagbohrmaschine (von oben nach unten) nicht fehlen.

Sperrholz und Faserplatten

Eine Sonderrolle spielen gepreßte Platten (Sperrholz- und Faserplatten), weil sie kein Naturholz im eigentlichen Sinn mehr sind.

Sperrholz hat eine Menge Vorteile: Es arbeitet nicht mehr, läßt sich jedoch trotzdem wie Holz bearbeiten. Die Platten sind leichter als Massivholz, aber ebenso widerstandsfähig. Man unterscheidet drei Arten von Sperrholzplatten: Schichtplatten, Blockplatten und Stäbchenplatten. Die letzten beiden nennt man auch Tischlerplatten, was ein Hinweis darauf ist, daß es sich um ein bevorzugtes Material für den Möbelbau handelt.

Preßholzplatten bestehen aus gepreßten Sägespänen (Spanplatten). Es gibt sie beschichtet oder aus Rohholz. Beschichtete Platten werden im Fahrzeugbau (Pferdehänger) oder bei Pferdeboxen verwendet.

Faserplatten werden durch mechanisches Verketten von Holz und Pflanzenfasern hergestellt. Man unterscheidet Weichfaserplatten, die man zum Beispiel als untere Dachschicht und für das Verkleiden von Innenwänden benutzt. Hartfaserplatten gibt es mit verschiedenen Spezialbeschichtungen, weshalb sie sehr vielseitig eingesetzt werden können.

Holzschutz und Lacke

Holzschutzmittel

Wasserlösliche Mittel (Fluor- und Borsalze) muß man im Außenbereich mit Lasuren kombinieren, da sie vom Regen ausgewaschen werden. Falls Sie die Wahl haben, sollten Sie Borsalze bevorzugen; Sie sind – verglichen mit den anderen Wirkstoffen – für Menschen und Pferde weniger giftig.

Aus dem Zaunbau kennt man das altbewährte Carbolineum, ein Produkt, das durch die Destillation von Steinkohlenteer gewonnen wird. Es enthält einen hohen Anteil an aromatischen Kohlenwasserstoffen (zum Beispiel das krebserregende Benzpyren). Buchenholzdestillate sind weniger stark belastet, verdunsten jedoch stärker.

Achtung, Gifte!

Holzschutzmittel auf Fluorbasis stellen eine hohe gesundheitliche Gefährdung dar. Tragen Sie deshalb bei der Arbeit immer Handschuhe!

Lösungsmittelhaltige Holzschutzmittel werden in drei Klassen unterteilt: Imprägniermittel, Grundiermittel und Lasuren. Im Innenbereich sollte man auf die Anwendung solcher Wirkstoffe verzichten. Auch wenn PCP und Lindan durch andere Wirkstoffe ersetzt wurden, kann man nicht von deren Ungiftigkeit ausgehen.

Farben und Lacke

Die Lackierung von Holz hat neben ihrer dekorativen Wirkung die wichtige Aufgabe, das Holz vor Witterungseinflüssen, Verschmutzung und Abnutzung zu bewahren.

Die im Holzbereich am häufigsten eingesetzten Lacke sind Kunstharzlacke (Nitro- oder Nitrokombinationslacke). In den letzten Jahren kamen daneben Acryllacke in den Handel (zum Teil mit dem blauen Umweltengel ausgezeichnet). Naturharzlacke – man erkennt sie an dem stark aromatischen Zitronengeruch – lassen sich nicht so leicht verarbeiten wie Kunstharzlacke, trocknen langsamer und sind nicht ganz so widerstandsfähig. Sie sind jedoch wasserdampfdurchlässig, so daß das darunterliegende Holz atmen kann, und ihr intensiver Geruch hält die Pferde vom lästigen »Benagen« ab.

Die älteste Art, Holz zu schützen, ist das Wachsen. Ein großer Vorteil dieser Methode ist, daß Wachs ins Holz eindringt und nicht nur auf das Holz aufgetragen wird. Außerdem gehen von dem Wachs keinerlei gesundheitliche Risiken aus. Der Nachteil ist, daß der Holzschutz bei weitem weniger dauerhaft ist als das Lackieren und daß er sich nur für den Innenbereich eignet. Möbelwachs kann man fertig kaufen oder selbst herstellen (siehe Anleitung unten).

Rezept für Möbelwachs

Sie brauchen:

Material: Bienenwachs, Terpentin, Topf mit Wasser, eine Dose

Werkzeug: Messer oder Stechbeitel

So wird's gemacht

1. Zunächst muß das Bienenwachs mit dem Messer zerkleinert und mit der gleichen Menge Terpentin in eine Dose gegeben werden.

2. Anschließend die Dose ins Wasserbad stellen und vorsichtig auf kleiner Stufe erhitzen. **Achtung: Es darf keine offene Flamme in der Nähe sein!**

3. Rühren Sie das Gemisch mit einem Holzstab um. Wenn das Wachs vollständig geschmolzen ist, geben Sie nach und nach weiteres Wachs hinzu, so lange bis eine dicke Paste entsteht. Zugabe von Wachs macht das Gemisch härter, die von Terpentin flüssiger.

Neues Holz lackieren

Holz für Innenräume lackieren

Sie brauchen:

Material: Holzkitt, Imprägniermittel, Grundfarbe, Vorlack, Lackfarbe, Verdünner, Abbeizer, Schleifpapier

Werkzeug: Spachtel, Kittmesser, Kratzeisen, Schleifklotz oder Schleifmaschine, Pinsel

So wird's gemacht

1. Holz säubern: Kalk-, Mörtel- oder Leimreste und Harzstellen mit einem scharfen Messer entfernen. Harzige Knoten werden mit Schellack isoliert. Kanten mit grobem Schleifpapier brechen.

2. Anfeuchten: Gehobeltes Holz mit einem feuchten Tuch (warmes Wasser) anfeuchten und wieder völlig trocknen lassen. So quellen die Druckstellen, und angeschnittene Holzfasern richten sich auf.

3. Schleifen: Mit grobem Schleifpapier oder der Ziehklinge wird die Oberfläche bearbeitet. Anschließend entstaubt man sie gründlich mit einer weichen Bürste. Der Grundlack (Schnellschliffgrund) wird mit einem Pinsel dünn aufgetragen. Nagel- und Schraubenlöcher, Risse und Fugen gründlich überstreichen.

4. Kitten und Spachteln: Nach dem vollständigen Trocknen wird die Holzoberfläche mit mittelfeinem Schleifpapier bearbeitet, abgestaubt und anschließend alle Löcher, Fugen und Risse verkittet. Verwendet man Holzkitt, so muß man die Löcher vor dem Grundieren verkitten.

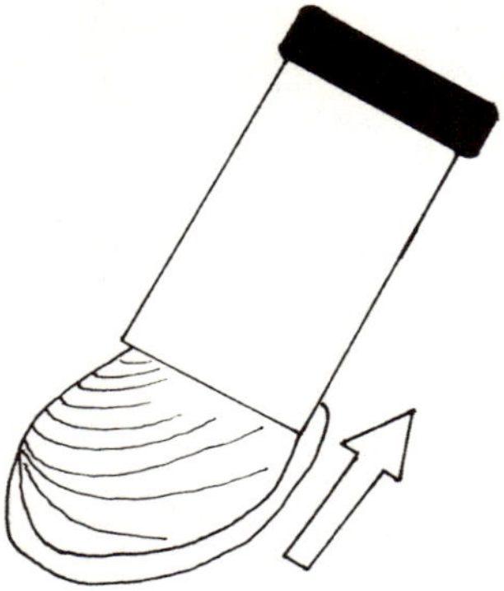

Abb. 26. Halten Sie den Spachtel möglichst flach und nehmen Sie nicht zu viel Spachtelmasse auf einmal, damit Rillen in der Spachtelschicht vermieden werden.

Mit Spachtelmasse werden die letzten Unebenheiten und eventuell hervortretende Holzfasern begradigt (Abb. 26). Der Spachtel sollte möglichst flach gehalten werden, damit Rillen und andere Vertiefungen vermieden werden. Kleine Ansatzstellen, die sich beim Spachteln bilden, können nach dem Trocknen weggeschliffen werden.

5. Zweiter Schleifgang: Nachdem die Spachtelmasse erhärtet ist, wird mit einem feineren Schleifpapier gearbeitet (120er oder 150er). Dabei dürfen keine Kratzer entstehen. Nach dem Schleifen wird die Fläche gründlich gesäubert (Fensterleder oder feine Bürste).

6. Schlußlackierung: Soll der Anstrich sauber wirken, muß die Schlußlackierung mit äußerster Sorgfalt erfolgen. Der Gegenstand wird in staubfreier, trockener Umgebung waagrecht gelegt. Wichtig ist zunächst einmal, daß die Pinsel schön sauber sind. Größere Flächen werden in der ganzen Länge und Breite dünn gestrichen und der Lack gleichmäßig verteilt. Achtung: Laufnasen an den Außenseiten vermeiden!

Holz-Hindernisstangen lackieren

Sie brauchen:

Material: Holzkitt, Imprägniermittel, Grundfarbe, Vorlack, Lackfarbe, Verdünner, Abbeizer, Schleifpapier, Abklebeband

Werkzeug: Spachtel, Kittmesser, Kratzeisen, Schleifklotz oder Schleifmaschine, Pinsel

AUF EINEN BLICK

Tips aus der Praxis

- Der Raum, in dem Sie arbeiten, muß trocken und staubfrei sein.
- Bei planen Flächen sollten Sie einen Schleifklotz zu Hilfe nehmen.
- Schleifen Sie nie mit zu grobem Schleifpapier.
- Lassen Sie zwischen den einzelnen Arbeitsvorgängen die nötige Zeit verstreichen.
- Arbeiten Sie beim Schleifen stets in Faserrichtung und mit wenig Druck.
- Klopfen Sie das Schleifpapier immer wieder aus.

So wird's gemacht

1. Imprägnieren: Die fertig gekauften, gehobelten und im Durchmesser genormten Stangen sollten vor dem Neuanstrich imprägniert werden, wenn sie nicht industriell vorbehandelt wurden. Legen Sie die Stange jeweils mit den Enden auf je einen Sägebock. Verwenden Sie einen weichen, nicht zu breiten Pinsel. Tragen Sie Handschuhe. Tauchen Sie den Pinsel nur mit der Spitze in das Holzschutzmittel, und achten Sie darauf, daß die Chemikalie nicht auf den Boden tropft. Beachten Sie die Gebrauchsanweisung auf der Dose. Streichen Sie zuerst die obere Hälfte der Stange, drehen Sie die Stange dann um, und streichen Sie die zweite Hälfte. Der Imprägnieranstrich muß ca. 24 Stunden trocknen.

2. Der Grundanstrich: Je nachdem, mit welchem Imprägniermittel Sie gearbeitet haben, wählen Sie den Grundlack. Der Grundanstrich sollte nicht zuviel Verdünner enthalten und nicht bei prallem Sonnenschein erfolgen. Die Arbeitsgänge des Lackierens entnehmen Sie dem vorangegangenen Kapitel (»Neues Holz lackieren«).

3. Die Endlackierung gelingt am besten an einem trockenen, windstillen Tag. So verhindern Sie, daß sich Staub oder

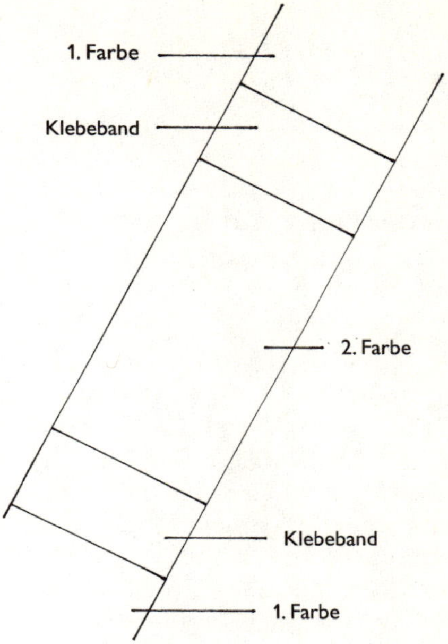

Abb. 27. Mit Abklebeband verhindern Sie, »über den Rand hinauszumalen«.

Schmutz auf dem feuchten Lack festsetzt. Soll zweifarbig gestrichen werden, muß das in zwei Arbeitsgängen erfolgen: Streichen Sie zuerst die »Grundfarbe«. Lassen Sie sie trocknen. Messen Sie mit dem

AUF EINEN BLICK

Tips aus der Praxis

- Das Lösungsmittel von Grundlack und Schlußlack muß übereinstimmen. Verwenden Sie keine wasserlösliche Farbe auf lösungsmittelhaltiger Farbe oder umgekehrt.
- Den Pinsel nur mit der Spitze in die Farbe tauchen und nicht zuviel Farbe auf einmal verwenden. Pinsel nach Gebrauch sofort reinigen.

Zollstock die Breite der einzelnen Streifen (Abb. 27). Kleben Sie Abklebeband rund um die Stange, und streichen Sie nun mit der Zweitfarbe.

Anstriche auf bereits gestrichenem Holz

Es gibt verschiedene Methoden, Farbreste zu entfernen: Abbeizen, Abbrennen und Abschaben. Beim Abschaben verwendet man einen Skarstenschaber. Mit der gezahnten Klinge wird zunächst die Lackschicht aufgerissen und anschließend mit der glatten Klinge die Farbe entfernt. Am schnellsten entfernt man alte Farbe, indem man sie mit einer Benzin- oder Gaslötlampe abbrennt. Man bewegt die Flamme auf der Lackfläche hin und her, bis der alte Anstrich zu schmelzen beginnt (kräuseln) und sich mit dem Spachtel leicht abnehmen läßt. Vorsicht, das Holz darf dabei nicht verkohlen! Das Abbrennen von altem Lack erfordert einige Übung und darf nicht in der Nähe von anderem brennbarem Material erfolgen. Zum Abbeizen verwendet man spezielle Chemikalien. Abbeizmittel sind stark ätzend und sollten aus diesem Grund sorgfältig gehandhabt und aufbewahrt werden.

Altes Fenster neu in Schale

Ein Windstoß – klirr – und schon ist es passiert. Die beste Gelegenheit, auch gleich Ihrem alten Stallfenster ein neues Outfit zu geben.

Sie brauchen:

Werkzeug: Eimer und Handfeger, Schutzhandschuhe, Drahtbürste, Stechbeitel und Gummihammer, Pinsel, Kittmesser und Glasschneider, Schleifpapier und Schleifklotz, Spachtel, Bürste, Kratzer, Bohrmaschine mit Schleifvorsatz

Material: Glasscheibe, Fensterkitt, Abbeizmittel, Holzschutzlasur, Leinöl, Lack, Klebestreifen und Glaserstifte, Hammer, Kombizange

So wird's gemacht

1. Die Vorbereitung: Ziehen Sie Handschuhe an. Entfernen Sie alle losen Scherben. Klopfen Sie die restlichen Glasstücke mit dem Hammer vorsichtig vom Rahmen ab, und fegen Sie alle herumliegenden Scherben gründlich auf. Was noch an Glas im Kittbett des Fensters steckt, kann mit einer Kneif- oder Kombizange herausgezogen werden.

2. Schneiden oder kratzen Sie nun den alten Kitt mit einem Stecheisen aus dem Falz des Fensters. Entfernen Sie mit dem Spachtel oder dem Schleifvorsatz der Bohrmaschine lose Lackreste vom Rahmen. Arbeiten Sie dabei stets in Faserrichtung.

3. Vorbereitung des Rahmens: Grundieren Sie den Falz mit heißem Leinölfirnis. Tragen Sie das Abbeizmittel auf den alten Anstrich auf, und lassen Sie es einwirken. Wenn sich der Lack kräuselt, können Sie ihn mit einem Kratzer oder Spachtel abziehen. In Faserrichtung arbeiten! Rahmen trocknen lassen.

4. Scheibe einsetzen (Abb. 28): Kneten Sie eine kleine Menge Fensterkitt so lange in der Hand, bis er die Konsistenz von Knetmasse hat. Drücken Sie dann mit dem Daumen die Masse in den Falz. Ziehen Sie rings um den Rahmen den überstehenden Kitt ab. Nun benötigen Sie Fingerspitzen-

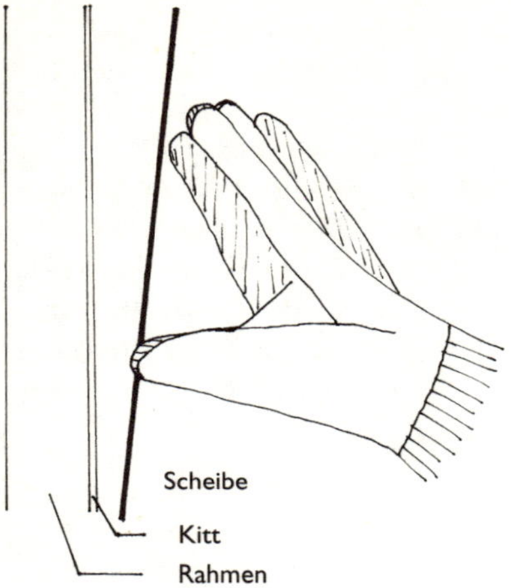

Abb. 29. Das Fensterglas wird mit Glaserstiften fixiert.

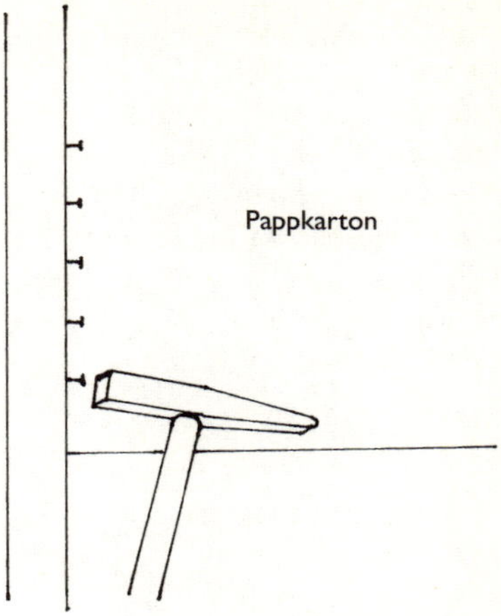

Abb. 28. Die neue Scheibe muß sehr vorsichtig eingesetzt werden. Sie sollten in jedem Fall Handschuhe tragen!

gefühl. Die vom Glaser auf Maß zugeschnittene Scheibe wird vorsichtig (!) in den Kitt gedrückt, bis unter dem Glas eine Fugenstärke von ca. 2 mm vorhanden ist. Legen Sie ein Stück Pappe auf die nun oben liegende Seite der Scheibe. Mit einem leichten Hammer werden Glaserstifte, die das Glas fixieren, parallel zur Scheibe eingeschlagen (Abb. 29).

Kneten Sie erneut Glaskitt zurecht. Tragen Sie mit einem Spachtel den Kitt auf der oben liegenden Seite auf und

AUF EINEN BLICK

Tips aus der Praxis

- Kaufen Sie nur so viel Kitt, wie Sie brauchen.
- Bewahren Sie die Reste in einem Gefäß mit Wasser auf.
- Mit etwas aufgewärmtem Leinöl läßt sich selbst zäh gewordene Kittmasse wieder schön geschmeidig und verarbeitbar machen.
- Praktisch ist Kitt aus der Kartusche, weil man saubere Finger behält, das Material gleichmäßiger dosieren und eventuell sogar mit einer Druckpistole arbeiten kann.
- Entfernen Sie Kittreste auf der Scheibe sofort mit einem in Terpentin getauchten Lappen.

streichen Sie ihn schließlich mit dem Kittmesser glatt.

5. Fensterrahmen streichen: Befestigen Sie entlang der Kittkante Klebeband am Glas. Entstauben Sie den Rahmen. Versiegeln Sie das rohe Holz mit Leinölfirnis. Spachteln Sie Löcher und Risse mit Außenölspachtelmasse. Warten Sie einen Tag. Schleifen Sie dann den Rahmen mit grobem Schleifpapier (80er). Entfernen Sie den Schleifstaub mit einer feinen Bürste. Eventuell kann es nötig sein, ein zweites Mal zu spachteln. Ist die Fläche glatt, so wird der Grundlack aufgetragen. Lack trocknen lassen, schleifen und zum Schluß einen hochwertigen Außenlack auftragen. Nach dem Trocknen Klebestreifen abziehen und Fenster einsetzen.

Mauern ohne Meisterbrief

Ein wenig Maurerlatein

Würden Sie hinter einem Läuferverbund eine Staffelmannschaft vermuten? Holen Sie ein Bund Stroh, um den Putz abzureiben? Assoziieren Sie mit dem Ausdruck »Bütt« Karneval? Kaum ein Handwerksberuf ist so traditionsbeladen wie der des Maurers. In früheren Zeiten wurden Techniken und Fachausdrücke hinter vorgehaltener Hand von Geselle zu Geselle und von Meister zu Meister weitergegeben. Heute lassen sich Maurer auch gerne einmal über die Schulter blicken.

Maurerwerkzeuge

Als Grundausrüstung benötigen Sie Wasserwaage, Quast, Richtschnur, Lot, Zollstock, Maurerhammer, Reibebrett, Bleistift, drei Kellen (eine große dreieckige, eine kleine spitze, eine Fugenkelle) und eine große Plastik- oder Metallwanne.

Mörtel, Zement und Beton

Zement wird aus Kalkstein und Ton hergestellt. Im Brennofen entstehen im wesentlichen Calcium-, Aluminium- und Eisenoxide. Der so hergestellte Zement erhärtet unter Wasserzusatz an der Luft. Man unterscheidet schnellbindenden (2 bis 2 ½ Stunden) und langsam bindenden Zement (½ Tag).

Unter **Mörtel** versteht man eine Mischung aus Bindemittel (gelöschter Kalk oder Zement), Sand und Wasser. Mörtel kann man im Baumarkt fertig gemischt als Trockenmörtel kaufen. Die Artikelbezeichnung läßt auf das vorrangig verwendete Bindemittel (Kalkmörtel, Kunststoffputz) oder auf besondere bauphysikalische Eigenschaften (Fugenmörtel, Dämmörtel, Maurermörtel) schließen.

Billiger ist es, den Mörtel selbst anzumischen. Dies geschieht in einer Metall-

AUF EINEN BLICK

Tips aus der Praxis

- Reinigen Sie das Werkzeug sofort nach Gebrauch. Ist der Zement erst einmal angetrocknet, läßt er sich nur mühsam entfernen.
- Damit die Maurerwerkzeuge nicht anfangen zu rosten, empfiehlt es sich, alle Metallteile leicht einzuölen.

Achtung!

Die Inhaltsstoffe des Zements, Mörtels oder Kalks sind aggressiv und können starke Hautreaktionen auslösen (Maurerkrätze). Tragen Sie bei der Arbeit Handschuhe, und achten Sie darauf, daß nichts ins Auge spritzt.

oder Plastikwanne (Bütt) oder im Zementmischer (Speismühle). Sand und Bindemittel werden zunächst trocken vermischt. Das Wasser wird nach und nach zugegeben, während das Gemisch vorsichtig umgebrochen wird. Am besten schaut man einem gelernten Maurer einmal dabei über die Schulter, denn das Einrühren geschieht nach Augenmaß. Wichtig ist, daß die Masse nicht zu flüssig wird, sondern plastisch bleibt.

Mörtel werden je nach ihrer Endfestigkeit in Mörtelgruppen (I bis III) eingeteilt. Je höher die Mörtelgruppe, desto größer die Festigkeit (nach 28 Tagen). Ein gängiger Fertigmörtel ist MG II. Bei nicht tragenden Wänden und kleineren Reparaturarbeiten kann auch ein Mörtel der Gruppe I ausreichen.

Beton kannten schon die alten Römer. Sein Geheimnis liegt einzig und allein in der richtigen Zusammensetzung seiner Bestandteile – Sand, Kies, Kalk und Wasser. Sand und Kies sind die »Füllstoffe«. Ihre Reinheit entscheidet über die Festigkeit des Endproduktes. Mischen Sie deshalb Beton nie auf dem blanken Boden an. Je nach Menge des verwendeten Bindemittels unterscheidet man fette und magere Betons.

AUF EINEN BLICK

Tips aus der Praxis

- Maurermörtel hat die richtige Plastizität, wenn nach dem Eindrücken mit der Kelle deren Form im Brei zu sehen bleibt.
- Sand, Kies und Wasser dürfen nicht verunreinigt sein.
- Kalk- und Zementsäcke müssen stets an trockenen Stellen gelagert werden, weil Kalk oder Zement sonst unter Feuchtigkeitseinfluß sofort abbindet.

Normale Mörtelmischung für Außenarbeiten

- 1 Teil Zement
- 0,5 Teile Kalkhydrat
- 4 Teile Sand

Wasser muß nach Gefühl zugegeben werden, bis die Mischung eine gewisse Puddingkonsistenz hat.

Mauerwerkstechnik

Die Verbindung einzelner Steine erfolgt mit Mörtel, dessen Zusammensetzung sich nach Beanspruchung und Feuchtigkeit richtet. An einem trockenen Ort rechnet man für Mörtel einen Teil Kalk und vier Teile Sand. Der Mörtel wird waagrecht und senkrecht zwischen die einzelnen Steine aufgebracht. So entstehen senkrechte und waagrechte Mörtelstreifen – die Fugen; die senkrechten nennt man Stoßfugen, die waagrechten Lagerfugen (Abb. 30).

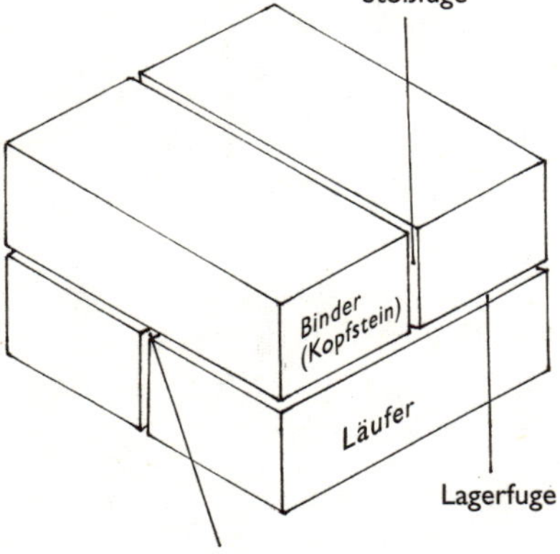

Abb. 30. Ein wenig Maurerlatein gehört dazu:
Binder oder Kopfsteine nennt man die in Mauerrichtung quer liegenden Steine.
Läufer liegen mit der Längsseite in der Mauerflucht.

Abb. 31 bis 33. Häufig verwendete Mauerwerkstechniken:

Kreuzverband

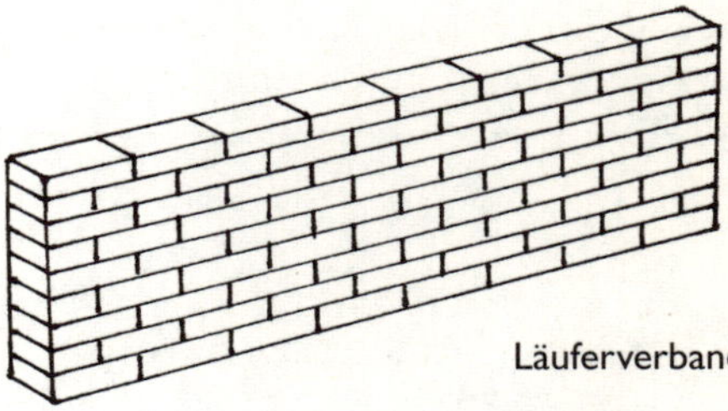

Läuferverband

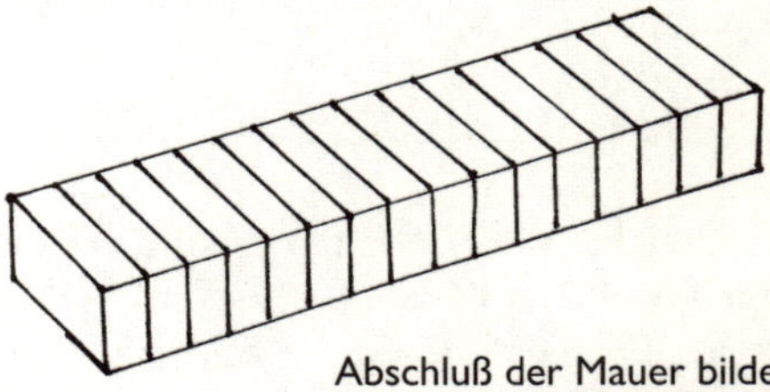

Abschluß der Mauer bildet eine Rollschicht.

Lagerfugen verlaufen horizontal.
Stoßfugen verlaufen quer.
Die **Mittelfuge** liegt an der Innenseite zweier Steine.

Fünf goldene Maurerregeln

- In einer Wand jeweils nur eine Sorte Steine verarbeiten
- Maurermörtel muß plastisch sein; trockener Mörtel verbindet sich nicht mit den Steinen
- Fugen ganz mit Mörtel anfüllen
- Stoßfugen der Schichten nicht übereinanderlegen
- Mauersteine nur senkrecht und waagrecht vermauern

Erst planen – dann bauen

Eine Mauer oder Wand kann man nicht so schnell wieder abreißen. Handeln Sie deshalb nicht übereilt. Manches muß mit der zuständigen Behörde abgeklärt oder gar ein Bauantrag gestellt werden. **Schwarzbauten können teuer werden!**

Die Steine

Für erste Maurerversuche ist der Backstein ideal. Er ist leicht zu verlegen, leicht zu verschneiden und nicht teuer.

> AUF EINEN BLICK
>
> **Tip aus der Praxis**
> Wenn man zwei Backsteine gegeneinanderschlägt und es ertönt ein heller Klang, dann sind sie von guter Qualität.

Ziegel sind »Natursteine« und werden aus Ton bei 800 bis 1000 Grad Celsius gebrannt. Sie sind kleiner als Backsteine, schaffen jedoch ein recht angenehmes Raumklima, da sie wärmespeichernd und dampfdurchlässig sind.

Zu den Leichtbetonsteinen gehören Gasbeton-, Bimsbeton- und Blähtonsteine. Sie werden aus einer Mischung aus Kalk und Zement hergestellt, denen ein Aluminiumpulver als Porenbildner zugesetzt wird. Diese Steine sind extrem leicht und gut wärmedämmend.

Das billigste Baumaterial finden Sie draußen in der Feldflur: den Naturstein. Allerdings ist die Verarbeitung aufwendiger als die fertiger Steine.

Preisvergleiche lohnen sich, denn das zu verarbeitende Material ist teuer. Berechnen Sie sorgfältig, welche und wieviel Steine und Mörtel Sie benötigen. Angenommen, der Stein ist 24 cm lang (ein normaler Ziegelstein), so müssen Sie fürs Mauerwerk zu jedem Stein eine Fuge von 1 cm hinzufügen. Ein Meter Mauerwerk würde demnach bedeuten: vier Steine und vier Fugen. Steht die Mauer frei, dann hat sie nur drei Fugen, und folglich ist sie nur 99 cm lang.

Kleinere Reparaturen am Mauerwerk

Alte Stallgebäude bestehen sehr häufig aus einfachen roten Ziegeln. Diese speichern Bodenfeuchtigkeit und Regennässe. Das bei Frost gefrierende Wasser dehnt sich aus und sprengt dabei Stein und Fuge, weshalb gerade Bauwerke aus alten Ziegeln anfällig für Reparaturen sind.

> **Ziegelwerk schützen**
>
> - Mit farblosem Silikonharz kann man eine Ziegelwand imprägnieren, ohne das Erscheinungsbild und die Atmungsfähigkeit des Gebäudes zu verändern.
> - Moderne Ziegel passen häufig nicht in alte Mauerverbände. Versuchen Sie, sich einen Vorrat an alten Ziegeln anzuschaffen (zum Beispiel aus Abbruchbeständen).

Schäden an den Fugen beseitigen

Sie brauchen:

Material: Fugenmörtel

Werkzeug: Maurermeißel, Drahtbürste, Maurerkelle und Fugenkelle, Jutesack, Stemmeisen, Maurerhammer

So wird's gemacht

1. Kratzen Sie mit dem Maurermeißel alle losen Mörtelstücke aus der Fuge. Vertiefen Sie die Fuge mit dem Stemmeisen auf ca. 2 cm. Säubern Sie die Fuge mit einem alten Schraubenzieher (Abb. 34).

2. Mischen Sie nun den Fugenmörtel an und befeuchten Sie die Fuge. Nehmen Sie das Reibebrett in die linke Hand. Legen Sie ein wenig Mörtel mit der Maurerkelle auf das Reibebrett. Halten Sie das Brett dicht an die Fuge. Drücken Sie mit der Fugenkelle Mörtel in die Fuge hinein (in einzelnen Schichten arbeiten). Achten Sie darauf, daß keine Luftlöcher entstehen.

3. Kratzen Sie überstehenden Mörtel mit der Maurerkelle ab (Abb. 35). Nach ¼ bis ½ Stunde wird der angezogene Mörtel mit der Fugenkelle glattgestrichen (Abb. 36).

4. Schützen Sie den frischen Mörtel vor intensiver Sonnenstrahlung mit einem angefeuchteten Jutesack, den Sie vor das Mauerwerk hängen.

Abb. 34. Mit dem Stemmeisen wird die Fuge des defekten Ziegels vertieft.

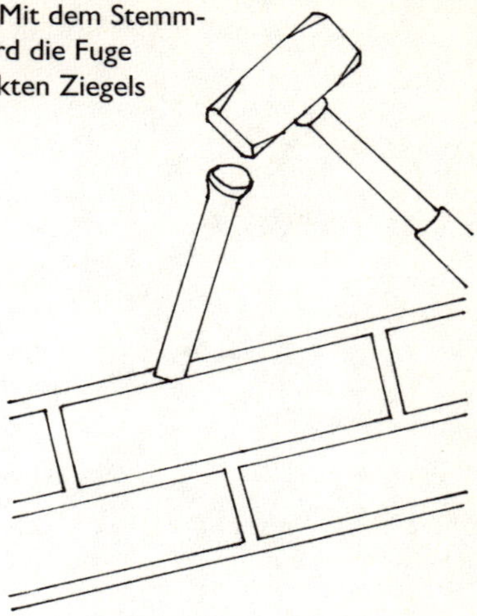

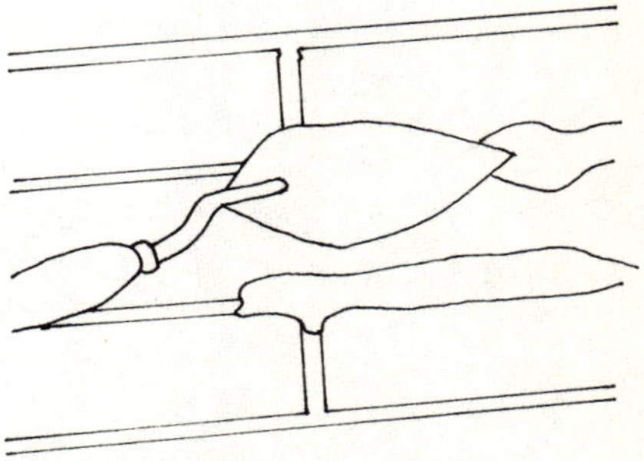

Abb. 35. Kratzen Sie überstehenden Mörtel mit der Maurerkelle ab.

Abb. 36. Nach ca. 15 Min. kann der Mörtel mit der Fugenkelle glattgestrichen werden.

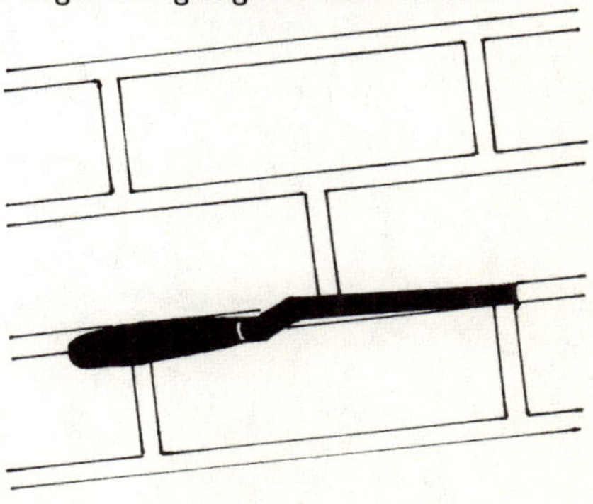

Schäden am Mauerwerk beseitigen

Ist ein Mauerstein stark beschädigt, sollten Sie ihn auswechseln.

Abb. 37. Stemmeisen schräg, nicht senkrecht an den Ziegel setzen.

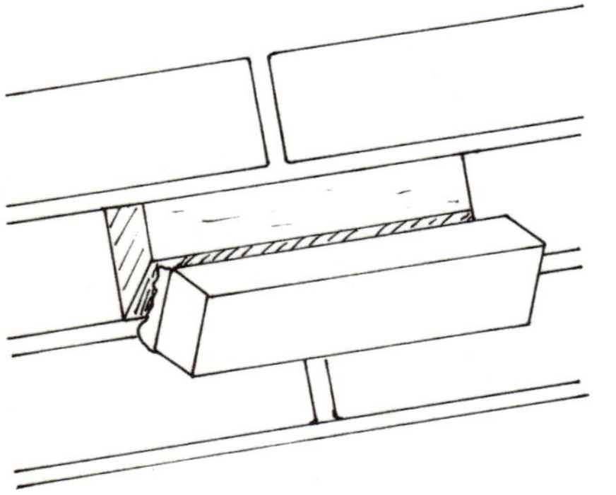

Abb. 38. So wird ein Ersatzstein in eine alte Ziegelwand gesetzt.

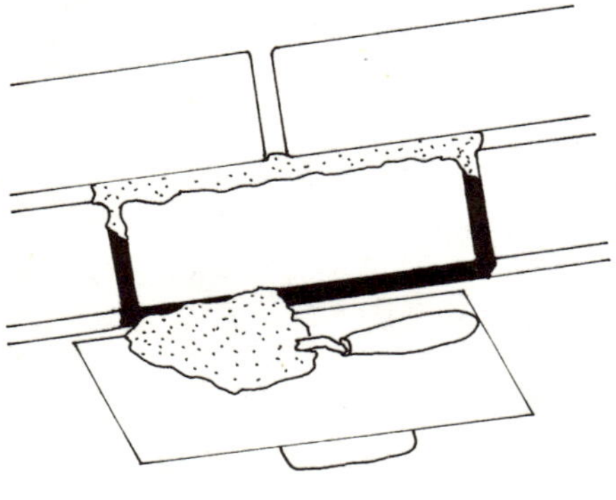

Sie brauchen:

Material: ausreichend viele Ziegel, Fugenmörtel, Holzkeile

Werkzeug: Steinbohrer, Meißel, Hammer, Schutzbrille, Arbeitshandschuhe, eventuell Trennschleifer mit Scheibe für Stein, Bleistift, Fugenkelle, Reibebrett

So wird's gemacht

1. Bohren Sie die Fuge des defekten Steines mit dem Steinbohrer mehrmals an. Setzen Sie das Stemmeisen auf die Fuge. Klopfen Sie dann mit dem Hammer auf den Kopf des Stemmeisens. Achten Sie dabei auf umherfliegende Splitter (Augen schützen!). Stemmen Sie den Mörtel des defekten Ziegels heraus, ohne intakte Steine zu beschädigen.

2. Setzen Sie das Stemmeisen schräg an den Ziegel. Stemmen Sie den Stein heraus (Abb. 37).

3. Passen Sie den Ersatzstein ein (Abb. 38). Geben Sie Mörtel auf die hintere Fläche des Ersatzsteines und drücken Sie schließlich den Stein in die Lücke. Richten Sie ihn mit Holzkeilen bündig zur Fassade aus.

4. Sobald der Mörtel angezogen hat, wird die Fuge mit Fugenmörtel gefüllt (Abb. 39). Nehmen Sie ein wenig Mörtel auf das Reibebrett. Halten Sie das Brett bündig an die waagrechte Fuge. Drücken Sie mit der Fugenkelle ein wenig Material hinein. Streichen Sie es glatt. In dieser Weise verfahren Sie so lange, bis alle Fugen gefüllt sind.

Abb. 39 (links). Geben Sie eine Portion Mörtel auf das Reibebrett, halten Sie es bündig an die waagrechte Fuge, und drücken Sie mit der Fugenkelle den Mörtel hinein.

Schäden am Boden beseitigen

Ausgetretene Treppenstufen reparieren

Abgetretene Kanten oder herausgebrochener Beton an Treppenstufen können eine gefährliche Stolperfalle sein. Auch diese Reparatur können Sie mit ein wenig Geschick selbst machen.

Sie brauchen:

Material: Reparaturbeton, ein paar Ziegelsteine, Holzbrett (so breit wie die Stufe hoch), Haftemulsion, Plastikfolie

Werkzeug: Drahtbürste, Maurerhammer, Maurerkelle, Meißel, Schutzbrille, Handschuhe, Fuchsschwanz

Abb. 40. So repariert man eine Treppenstufe.

So wird's gemacht

1. Mit Stemmeisen und Maurerhammer (Fäustel) schlagen Sie alle losen Teile von der Treppenstufe ab, und zwar so lange, bis Sie auf gesunden Beton stoßen. Gehen Sie ein Stück in diesen hinein, während Sie darauf achten, die Reparaturstelle so auszuschlagen, daß sie sich nach unten hin erweitert.

2. Reinigen Sie die Fläche von losgeschlagenem Material und Staub. Streichen Sie die Oberfläche der Reparaturstelle mit Haftemulsion ein (Gebrauchsanweisung beachten).

3. Schneiden Sie mit dem Fuchsschwanz ein Brettchen (zum Beispiel ein Schalbrett) so zu, daß es genauso breit ist,

Vorsicht, Stufe!

Um Schäden an Treppenstufen zu vermeiden:

- Reinigen Sie die Betontreppe einmal im Jahr (zum Beispiel mit dem Hochdruckreiniger).
- Fühlen Sie mit der Hand über die Oberfläche der Treppe. Prüfen Sie die Beschaffenheit. Falls der Beton porös ist, wird er bald anfangen zu bröckeln. Um dies zu verhindern, tragen Sie eine Mischung aus feinem Sand und Zement (3:1), ca. 2 cm dick, auf die Stufen auf.
- Achten Sie auf das richtige Mischungsverhältnis (s. o.).
- Treppenstufen müssen ein leichtes Gefälle zur Kante hin haben, damit das Regenwasser ablaufen kann.

wie die Stufe hoch werden soll. Legen Sie es bündig an die Treppenkante, und stützen Sie das Brett zum Beispiel mit Ziegelsteinen ab, damit es nicht umfallen kann (Abb. 40).

4. Rühren Sie den Reparaturbeton an. Bringen Sie mit der Kelle ein wenig Beton in das Loch an der Treppe ein, und drükken Sie ihn fest. Füllen Sie das Loch auf, bis es eine ebene Fläche mit der Treppenoberfläche bildet. Ziehen Sie nun den Beton sorgfältig mit der Kelle glatt (eventuell das Reibebrett zu Hilfe nehmen).

5. Decken Sie den Beton ab (zum Beispiel mit einer Plastikfolie), damit er nicht zu rasch aushärtet. Lassen Sie ihn für ca. eine Woche ruhen.

Löcher im Betonboden reparieren

Sie brauchen:

Material: Reparaturbeton, Plastikwanne, Zement, Flußsand, gerade Dachlatte als Richtscheit, Plastikfolie

Werkzeug: Drahtbürste, Maurerhammer, Maurerkelle, Glatttraufel, Meißel, Schutzbrille, Handschuhe, Deckenbürste

So wird's gemacht

1. Mit Hammer und Meißel werden alle schadhaften Teile entfernt (siehe »Treppenstufen reparieren«). Vertiefen Sie das Loch bis in den gesunden Beton hinein.

2. Säubern Sie das entstandene Loch von Splittern und Staub.

3. Auf den Unterbeton wird mit einer Deckenbürste eine Haftbrücke aus Zement und Sand (Verhältnis 1 : 1) aufgestrichen.

4. Je nach Tiefe des Loches wird der eigentliche Estrich (Mischungsverhältnis 3 Teile Sand, ein Teil Zement) in einzelnen Schichten aufgetragen. Die erste Schicht gut andrücken und eventuell verdichten. Schicht für Schicht stampfen, bis die Höhe des alten Estrichs erreicht ist.

5. Mit einem Richtscheit wird auf Höhe des bestehenden Estrichs abgezogen. Die Oberfläche des neuen Estrichs anschließend mit der Traufel glätten.

6. Den frischen Estrich ca. 1 Woche abdecken (zum Beispiel mit einer Plastikfolie) und nicht betreten.

Wie eine Mauer aus Fertigsteinen entsteht

Nach den ersten Experimenten rund ums Mauern wagen Sie sich vielleicht an ein größeres Bauwerk, zum Beispiel eine Mauer. Auch wenn diese nicht die tragen-

Seite 51 und 52:
Wer Bretter zuschneidet, muß oft millimetergenau arbeiten. Die Fototafel zeigt, wie man's macht.

Seite 51:
Links oben: Sägezähne schärfen
Rechts oben: Sägelinie mit Bleistift markieren
Unten: Kreissäge an das Werkstück setzen

Seite 52:
Oben: Beim Sägen die Maschine an den vorgesehenen Handgriffen anfassen und die Augen vor umherfliegenden Holzsplittern schützen

Unten: Im Gegensatz zur Schere frißt die Säge einen Spalt in das Holz. Deshalb immer neben der Sägelinie schneiden.

AEG

de Bedeutung einer Hausmauer hat, sollte sie nicht bei nächster Gelegenheit einstürzen, was einige statische Überlegungen notwendig macht.

Mauern stürzen ein, weil sie den Kräften, die an und auf ihnen wirken, nicht (mehr) standhalten. Diese bestehen aus dem Eigengewicht und dann eventuell einem Aufbau oder einem Dach.

Die nicht unerheblichen Druckkräfte müssen von der Mauer auf irgend etwas übertragen werden, denn sie schwebt schließlich nicht frei in der Luft. Deshalb ist für ein standfestes Mauerwerk ein stabiles Fundament unumgänglich, das frostfrei angelegt wird (mindestens 90 cm unter dem Erdboden).

Das Fundament

Sie brauchen:

Material: Rundhölzer/Kanthölzer, Dachlatten, Schalungsbretter, Grobkies oder Bauschutt, Sand und Beton, Drainagerohre, Filterplatten, Bitumenanstrich, Pflöcke für das Schnurgerüst, Maurerschnur aus Nylon

Werkzeug: Winkel und Stahlbandmaß, Vorschlag- und Maurerhammer, Wasserwaage, Schaufel, Spaten, eventuell Spitzhacke

Seite 53 und 54:
Seite 53: Um Steine für einen befestigten Weg verlegen zu können, benötigen Sie einen ebenen Unterbau.

Seite 54:
Die Steine selbst werden in ein Sandbett verlegt und die Fugen zwischen den Steinen zum Schluß mit Feinsand ausgefüllt.

So wird's gemacht

1. Planung: Die Breite des Fundamentes richtet sich nach den Last- und Bodenverhältnissen (Abb. 41). In der Regel sollte das Fundament doppelt so breit sein, wie die Mauer stark ist. Suchen Sie sich einen geeigneten Platz, um den Aushub zu lagern, bevor Sie mit dem Graben beginnen.

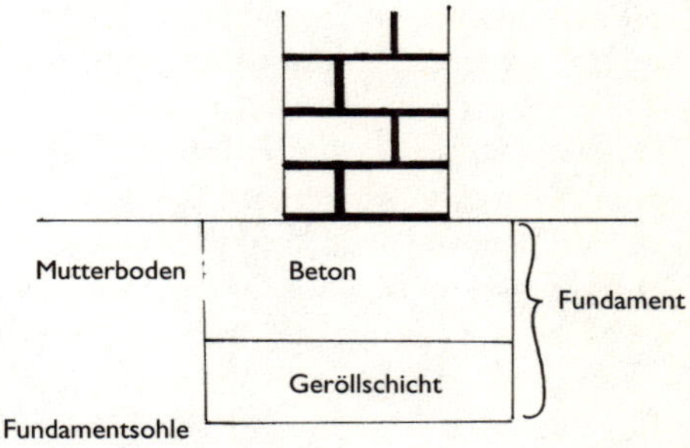

Abb. 41. Ohne Fundament keine Mauer! Damit die Konstruktion hält, sollte das Fundament doppelt so breit sein wie die Mauer stark.

Abb. 42. Ein Schnurgerüst legt die Lage des Fundaments genau fest.

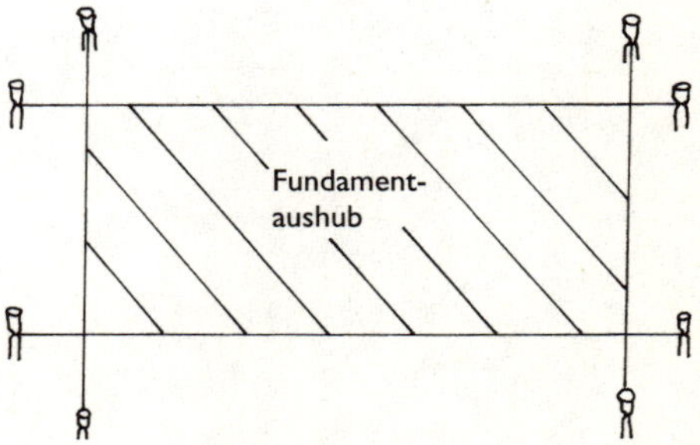

AUF EINEN BLICK

Tip aus der Praxis
Auch Spaten und Schaufel sind Schneidwerkzeuge, die von Zeit zu Zeit geschärft werden sollten, damit die Arbeit leichter geht. Zum Schärfen benutzt man die Eisenfeile oder eine Schleifscheibe am Trennschleifer.

2. Schnurgerüst (Abb. 42): Mit dem Schnurgerüst legen Sie die Lage des Fundaments genau fest. Markieren Sie mit einem angespitzten Rundholz oder einer Dachlatte zunächst die Ecken des Bauwerkes (fest einschlagen!). Da beim Aushub die Rundhölzer umfallen würden, wenn man sie an die jeweiligen Enden des vorgesehenen Fundamentgrabens setzt, geht man mit den Rundhölzern ein gutes Stück darüber hinaus und markiert die genaue Lage der Ecken mit sich kreuzenden Schnüren. Alle Schnüre müssen exakt – auch in der Höhe – ausgerichtet werden (Wasserwaage!), denn sie dienen als Bezugspunkte, damit anschließend alle Fundamentkanten auf gleicher Höhe liegen. Markieren Sie die eingeschlagenen Pflökke (zum Beispiel durch Kerben), damit verrutschte Schnüre nicht erneut ausgerichtet werden müssen.

3. Aushub: Nun übertragen Sie die Fundamentkanten von der Schnur auf den Boden, indem Sie mit dem Spaten den Boden anritzen. Anschließend beginnen Sie den Aushub. Vertiefen Sie den Graben Schicht für Schicht. Kontrollieren Sie von Zeit zu Zeit mit dem Zollstock, wie weit Sie vorangekommen sind.

4. Geröllschicht (Abb. 43 und 44): Ist die vorgesehene Grabentiefe erreicht, so werden mittig Pflöcke eingerammt, an denen mit zwei Strichen markiert wird, wie hoch die Geröll-/Kies- und die Betonschicht aufgetragen werden sollen. Anschließend kann die Geröllschicht eingebracht werden.

Abb. 43 und 44. Die Kerben in den Holzpflökken legen die Höhe der einzelnen Schichten fest.

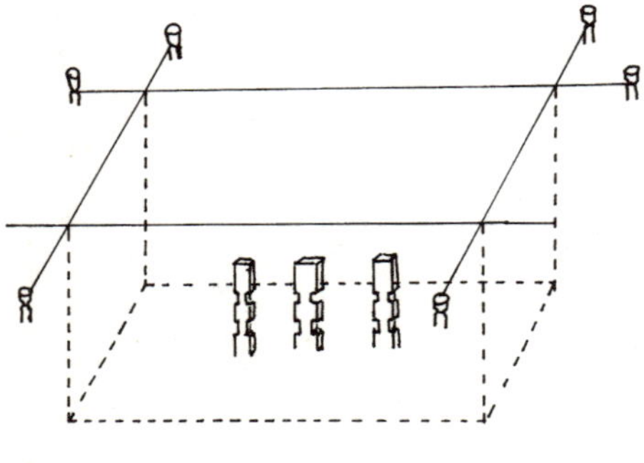

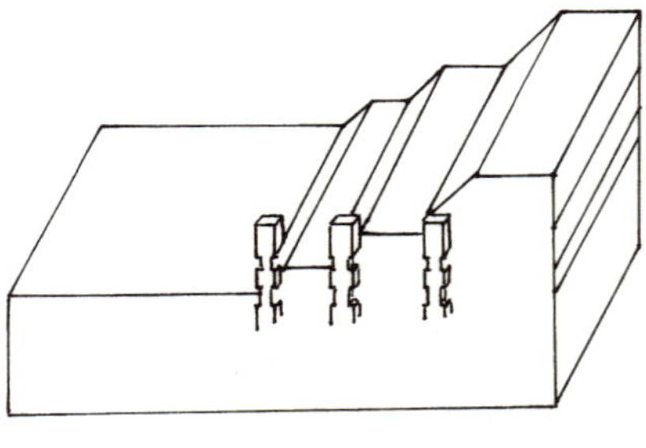

5. Verschalung: Bei Fundamenten, die aus dem Erdreich herausragen, ist es nötig, eine Verschalung anzufertigen. Die Schalung sollte ca. 40 cm ins Erdreich hineinreichen, um zu verhindern, daß der Beton ausfließt. Die Konstruktion muß stabil genug angebracht werden. Es ist jedoch nicht nötig, bis auf die Grabensohle hinab zu verschalen. Beim Verschalen werden die Schalbretter immer von innen (also zum Fundament hin) gegen die Pfosten genagelt. Der Pfostenabstand sollte einen Meter nicht übersteigen, damit die Schalbretter nicht durch den Beton krumm gedrückt werden.

Die Drainage

Drainagerohre müssen verlegt werden, wenn die Gefahr besteht, daß Wasser auf das Mauerwerk drückt, also insbesondere in Hanglagen oder bei Staunässe. Verzichtet man in diesen Fällen auf eine Drainage, dann würde die Feuchtigkeit in das Mauerwerk eindringen, die Abdichtung überbeanspruchen und langfristig erheblich schädigen.

Beim Vorgang des Drainierens versucht man, das Wasser auf die eine oder andere Art vom Mauerwerk abzuleiten. Drainagerohre bestehen heutzutage aus Kunststoff und sind in verschiedensten Größen zu haben. Sie werden im unteren Bereich des Fundamentsockels verlegt, jedoch nicht unterhalb der Sohlenebene.

So wird's gemacht

1. Auf Höhe der Sohlenebene wird eine ca. 10 cm starke Lage grober Sand eingebracht, auf die die Drainagerohre gelegt werden. Sie sollten ein Gefälle von ca. 10% haben, damit das Wasser abfließen kann (Abb. 45).

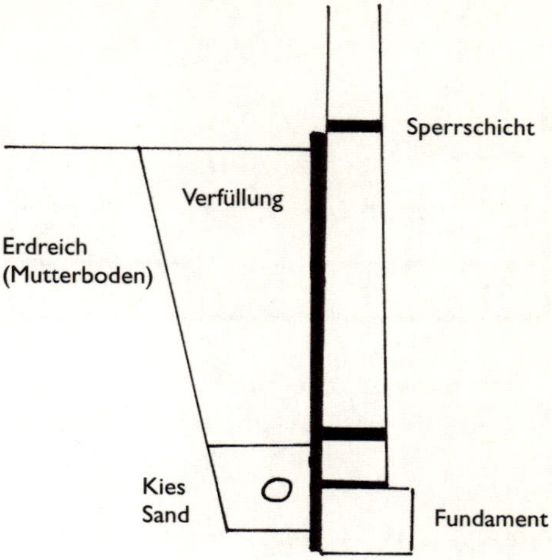

Abb. 45. Wenn man befürchten muß, daß Wasser auf das Mauerwerk drückt, muß man eine Drainage anlegen.

2. Nun wird mit Grobkies 50 cm aufgefüllt, damit sich die kleinen Öffnungen in den Rohren nicht mit Sand zusetzen.

3. Zur senkrechten Abdichtung des Mauerwerkes wird dieses mindestens zweimal mit Bitumenanstrich versehen.

4. Die Drainagen werden entweder in eine Sickergrube geleitet oder an das Kanalwassernetz angeschlossen (behördliche Auflagen beachten!).

Das Mauerwerk

Sie brauchen:

Material: Streifen von besandeter Teerpappe, Backsteine (zum Beispiel Lochbetonsteine), Richtschnur, Sand, Fertigmörtel oder Kalk, Wasser

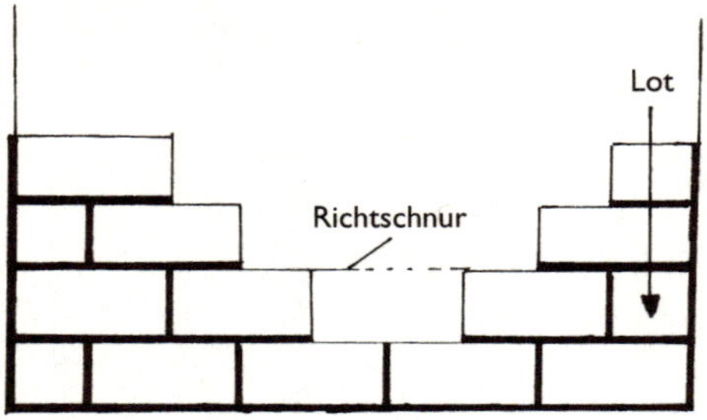

Abb. 46. Man mauert immer von außen nach innen.

Werkzeug: Betonmischer, Schaufel, Lot, Maurerhammer, Kellen, Wasserwaage

So wird's gemacht

1. Zum Erdboden hin sollte zunächst eine Sperrschicht, beispielsweise mit besandeter Teerpappe, eingelegt werden, um ein Aufsteigen der Bodenfeuchtigkeit zu verhindern.

2. Streichen Sie eine erste Mörtelschicht auf die Unterlage. In der Mitte des Mörtelstreifens wird mit der Maurerkelle eine Rille gezogen, damit sich der Mörtel gleichmäßig unter dem Stein verteilen kann.

3. Nehmen Sie einen Stein, und drükken Sie ihn in den Mörtel. Klopfen Sie mit dem Griff der Kelle vorsichtig den Stein in die richtige Lage.

4. Prüfen Sie die gerade Lage des Steines.

5. Achten Sie darauf, daß die Fugenbreite 1 cm nicht überschreitet.

Richtig Mauern

- Begonnen wird beim Mauern immer an den Außenseiten oder Ekken. Sie werden nach der Wasserwaage lotrecht hochgemauert (Abb. 46).
- Anschließend spannt man eine feste Nylonschnur zwischen die beiden Endpunkte. Diese Schnur gibt die Höhe und die Richtung für jede einzelne Steinschicht an.
- Um die Senkrechte der Mauer zu gewährleisten, wird immer wieder ein Maurerlot an die Wand gehalten.
- Für eine dickere Mauer werden zwei Steine hintereinander vermauert. In der nächsten Lage liegen dann die Steine quer, so daß man von dieser Lage nur noch die Schmalseite sieht.

Schluß mit dem Wasserschleppen

Die Versorgung der Pferde ist zwar eine schöne und befriedigende, aber auch eine zeitraubende und manchmal anstrengende Arbeit (Heuernte!). Wer will schon über Jahr und Tag auf die mühsame und zeitintensive »Eimermethode« angewiesen sein oder verfügt über den Luxus einer ständig plätschernden natürlichen Quelle? Die Wasserversorgung stellt den Pferdehalter vor ein paar technische Probleme, die man jedoch mit ein paar Kniffen leicht selbst lösen kann.

Wasser von Mutter Natur

Wer natürliche Wasservorkommen auf oder in seinem Grundstück nutzen will, muß einige wasserrechtliche Erlasse beachten, die allerdings von Region zu Region beziehungsweise Gemeinde zu Gemeinde variieren. Informieren Sie sich auf jeden Fall vorher beim zuständigen Ordnungs- oder dem Wasserwirtschaftsamt.

Bach oder offene Quelle

Fließt ein Bach durch Ihr Grundstück oder entspringt dort eine Quelle, so können Sie dieses Wasservorkommen normalerweise ohne ein Genehmigungsverfahren nutzen.

Ist kein natürlicher Zugang zum Wasser vorhanden oder pflegt dieser matschig zu werden, sollte man ihn in ein Tränkebecken fassen. Dazu leitet man einen Teil des Wassers aus dem Bachbett in ein separates Tränkebecken. Eine bewährte Methode, dies zu tun, wird in den Bergen seit Generationen praktiziert: An einer höhergelegenen Stelle wird am Bachbett eine Abzweigung erstellt und mit einem Schieber verschlossen. Halbrohre führen ein Stück den Hang hinunter bis zum Tränkebecken. Wenn die Tiere durstig sind, wird der Schieber geöffnet und das Becken läuft voll. Falls der Bach (besonders im Sommer) nur noch schwach fließt, kann man vor das eigent-

AUF EINEN BLICK

Tip aus der Praxis
Um ein Zufrieren des Tränkebeckens oder übermäßige Verschmutzung zu verhindern, sollten Becken, in denen ständig Wasser steht, bis auf eine kleine Öffnung abgedeckt werden. Ein im Wasser schwimmender Kinderball hält bei geringem Frost ein ausreichend großes Loch eisfrei.

liche Tränkebecken ein Sammelbecken einbauen, damit genug Wasser vorhanden ist, wenn die Pferde getränkt werden sollen. Als Tränkebecken kann eine ausgediente Badewanne dienen, ein Plastikbottich, ein ausgehöhlter Baumstamm oder eine mit Natursteinen gefaßte und mit Lehm versiegelte Bodenaushebung. Man sollte lediglich darauf achten, daß die Pferde nicht mit den Hufen hineingeraten können.

Wie bohrt man einen Brunnen?

Leider stehen den meisten Pferdehaltern nur selten überirdische Wasservorkommen zur Verfügung. Muß man einen Brunnen bohren lassen und das Wasser mit der Schwengelpumpe zu Tage fördern, ist es oft notwendig, dafür bei der Gemeinde- oder Stadtverwaltung eine Genehmigung einzuholen.

Wie aber erkennt man, ob unterirdische Wasseradern vorhanden sind, und woher weiß man, wo die richtige Stelle für eine Pumpe liegt? Wasserliebende Pflanzen (Weiden, Erlen, Binsen) sind Indikatoren für solche Vorkommen. Oftmals wissen auch die Verpächter, ehemalige Besitzer oder benachbarte Bauern Rat. Zuletzt gibt es noch die guten alten Wünschelrutengänger, die schon so manche Quelle aufgespürt haben.

Die Bohrung selbst wird entweder von speziellen Unternehmen oder von der Feuerwehr übernommen. Dabei werden Rohre in den Boden getrieben. Das Wasser kann später mit einer Schwengelpumpe gefördert werden. Man kann die Pumperei den Pferden sogar selbst überlassen. Spezielle Selbsttränken mit Weidepumpe sind im landwirtschaftlichen Handel erhältlich.

Weiden ohne Wasser

Der Wasserwagen

Wer auf keine natürlichen Wasservorkommen auf der Weide zurückgreifen kann, muß das Wasser dorthin transportieren. Ein ausgedienter Güllewagen kann in kurzer Zeit gereinigt und umgebaut werden und wird so Tank und Tränkebecken in einem.

Für einen Schnäppchenkauf ist der Herbst die beste Jahreszeit. Im Winter hat man reichlich Zeit, die notwendigen Veränderungen durchzuführen. Lassen Sie vor dem Kauf den Tank einmal mit Wasser füllen, damit Sie Lecks und undichte Schweißnähte erkennen können. Verzinkte Metallfässer sind stabiler und weniger empfindlich als solche aus Kunststoff. Kleinere Wasserwagen sollten unbedingt nicht nur an der Deichsel eine Stütze haben, sondern auch hinten, damit der Wagen im leeren Zustand nicht von spielenden oder scheuernden Pferden umgeworfen werden kann. Montieren Sie am Auslaufrohr des Fasses eine Selbsttränke.

Externe Wasserleitungen

Eine recht aufwendige und teure Methode, die man nur in Stallnähe durchführen kann, ist externe Leitungen zu verlegen. Wasserleitungen, die außerhalb eines Gebäudes verlaufen, müssen frostfrei im Boden verlegt werden. Die eigentliche Selbsttränke ist am besten im Weideunterstand aufgehoben. Um Frostschäden an den Tränken vorzubeugen, sollten nach Weideabtrieb im Herbst der Zulauf zum externen Rohrsystem abgedreht und die Wasserleitungen geleert werden.

Wasser im Stall

In den meisten Ställen erfolgt die Wasserversorgung über das öffentliche Wassernetz. In der Praxis bedeutet dies, daß ein Anschluß an das örtliche Versorgungssystem vorhanden ist und der Wasser- und Abwasserverbrauch über einen Zähler abgerechnet wird.

> **Tip für Landwirte**
>
> Läßt man einen gesonderten Zähler anbringen, so spart man die Gebühren für das Abwasser.

Die Wasserverteilung

Um das Wasser von dem zentralen Anschluß (hinter dem Zähler) an die benötigten Stellen (Boxen, Sattelkammer und so weiter) zu leiten, muß man Rohre (aus Kupfer, Eisen oder PE-Schläuche) installieren. PE-Schläuche sind nicht so frostempfindlich und wegen ihrer Biegsamkeit leichter zu verarbeiten als Metallrohre. Die gebräuchlichsten sind die Größen ½ Zoll oder ¾ Zoll. In Beständen bis zu 30 Pferden reichen die ½-Zoll-Schläuche aus.

Frostschutz

Zugefrorene Leitungen im Winter sind nicht nur lästig, weil man dann trotzdem Wasser schleppen muß, sie leben auch nicht lange. Das gefrierende Wasser dehnt sich aus und beschädigt die Leitungen, macht Verbindungsstellen durchlässig und Dichtungen mürbe.

Bei der Planung des Verteilersystems sollte die Frostgefahr deshalb unbedingt beachtet werden. Meiden Sie Außenwände. Legen Sie möglichst viele Leitungen an die Decke (warme Luft steigt nach oben). Im Außenbereich (unterirdische Leitungen) sollten Wasserrohre stets unter der Bodenfrostzone liegen. Wasserhähne an Außenwänden werden vor Be-

> AUF EINEN BLICK
>
> **Tips aus der Praxis**
>
> - Das Wassernetz sollte vorab gut geplant werden, da Schläuche und Verschraubungen teuer sind.
> - Wählen Sie kurze Wege mit wenig frostgefährdeten Wänden.
> - Verlegen Sie die Leitungen, wo immer möglich, außerhalb der Reichweite der Tiere.
> - Planen Sie den Leitungsverlauf so, daß die Leitungen leicht zugänglich für Reparaturen bleiben; insbesondere Schraubverbindungen können immer undicht werden.
> - In Futterkammern sollten keine Wasserleitungen verlegt werden, weil ein Rohrbruch sonst Ihren gesamten Futtervorrat verdirbt.
> - Wasserleitungen sollten niemals frei schweben. Fixieren Sie die Rohre an der Wand oder an Balken.
> - Dichten Sie jede Verbindung mit Hanf oder Dichtband ab.

ginn der Frostperiode abgesperrt. Trotzdem kommt man meistens um eine Wärmeisolierung nicht herum.

Dämmstoffe

In wenig frostgefährdeten Bereichen genügt eine Isolierung mit Glaswollmaterial, das in 20 cm breite Streifen geschnitten und um den Schlauch gewickelt wird (Handschuhe anziehen!), oder fertig gekaufte Kunststoffisolierung. Einfache Alufolie, die mit Isolierband fixiert wird, schließt sie nach außen ab.

Rohre, die in der Reichweite der Pferde liegen, müssen zusätzlich mit einem übergestülpten Metallrohr gesichert werden, damit sie von den Pferden nicht angeknabbert oder durch die Hufe beschädigt werden können.

Heizkabel

Ein Heizkabel kann als Meterware im landwirtschaftlichen Handel oder im Fachhandel gekauft werden. Die teure Anschaffung lohnt sich, sobald das Thermometer im Stall längere Zeit unter null Grad sinkt.

Das Heizkabel wird entweder um den PE-Schlauch gewickelt oder parallel daran entlanggeführt. Anschließend wird es mit Isolierband fixiert, nach außen hin mit Glaswollstreifen isoliert und zuletzt mit Kunststoffolie umwickelt.

Ein Thermostat schaltet das Heizkabel selbständig ein, sobald die Temperatur unter null Grad absinkt. Achten Sie darauf, daß der Kältefühler innerhalb des isolierten Bereiches liegt. In Reichweite der Pferde muß das Kabel so gesichert werden, daß die Tiere auf keinen Fall daran gelangen können (220 Volt!).

Durchlauferhitzer

Eine recht aufwendige Variante des Frostschutzes ist es, statt einer Kalt- eine Warmwasseranlage zu installieren. Dies kann man in Gegenden mit langanhaltendem Dauerfrost (unter –10 °C) empfehlen. Man läßt dort, wo das Verteilernetz beginnt, einen Durchlauferhitzer installieren, der das Wasser erwärmt. Das Gerät sollte geschützt in einem Innenraum stehen, eventuell in der Sattelkammer, so daß daran gleich ein Waschbecken angeschlossen werden kann.

Vom Zähler bis zur Selbsttränke – ein Verteilersystem aus PE-Schläuchen im Stall (Abb. 47–57)

Sie brauchen:

Material: PE-Schläuche, eventuell Reduzierstück, T-Stücke ½ Zoll, PE-Klemmverbindungen ½ Zoll, Hanf oder Dichtband, Rohrbänder oder Rohrschellen

Werkzeug: Cutter, kräftige Wasserrohrzange, Maulschlüssel

So wird's gemacht

Vorleistungen

1. In bestehenden Stallgebäuden ist zumeist ein Wasseranschluß vorhanden. Vergewissern Sie sich, ob es sich um ein ½-Zoll- oder ein ¾-Zoll-Gewindestück handelt. Bei einem ¾-Zoll-Gewindestück benötigt man ein Übergangsstück (Reduzierstück) auf ein ½-Zoll-Gewinde.

2. Bevor Sie mit der Arbeit beginnen, drehen Sie den Hauptwasserhahn zu, und

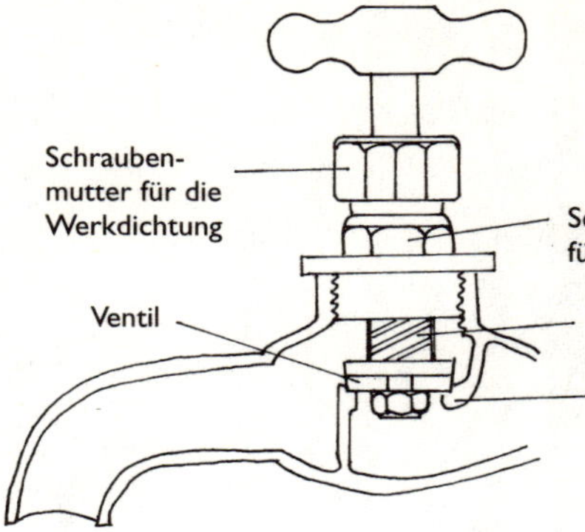

Abb. 47. Das Innenleben eines Wasserhahnes ist gar nicht so kompliziert.

lassen Sie die Leitung leerlaufen. Entfernen Sie mit einer kräftigen Wasserrohrzange den Blindstopfen am Wasserrohr oder den eingeschraubten Wasserhahn. Das Außengewinde des Reduzierstückes wird mit Dichtband oder Hanf umwickelt und in das Endstück des Wasseranschlusses eingedreht. Mit einem Maulschlüssel oder der Wasserrohrzange wird die Verbindung gefestigt. Nun kann die weitere Installation im ½-Zoll-Bereich erfolgen.

3. Nach dem Reduzierstück wird ein Absperrhahn angebracht. Dieser hat an beiden Seiten Innengewinde. Zum Anschluß an das Reduzierstück wird ein Zwischenstück benötigt, das zwei Außengewinde aufweist. Ersteres wird auf das Innengewinde des Absperrhahns aufgeschraubt, nachdem es mit Hanf abgedichtet wurde. Anschließend werden Hanf und Zwischenstück auf das Reduzierstück gedreht (ebenfalls mit Hanf abdichten und festziehen).

Die eigentliche Installation

1. PE-Schläuche mit dem Cutter nach Plan auf Länge schneiden und auf den Boden oder die Arbeitsplatte legen (Abb. 48).

2. PE-Verschraubungen bestehen aus mehreren Teilen (Abb. 49): dem Gewindeanschlußstück, einem Metallring, dem Kunststoffklemmring und einer

AUF EINEN BLICK

Tips aus der Praxis

- Es empfiehlt sich, den PE-Schlauch von oben anzuschließen, damit er vor den Pferden sicher ist und sie ihn mit den Hufen nicht beschädigen können.
- Ein weiterer Schutz für den Schlauch ist ein einfaches Metallrohr, das über den PE-Schlauch gesteckt wird und ein Benagen verhindert.

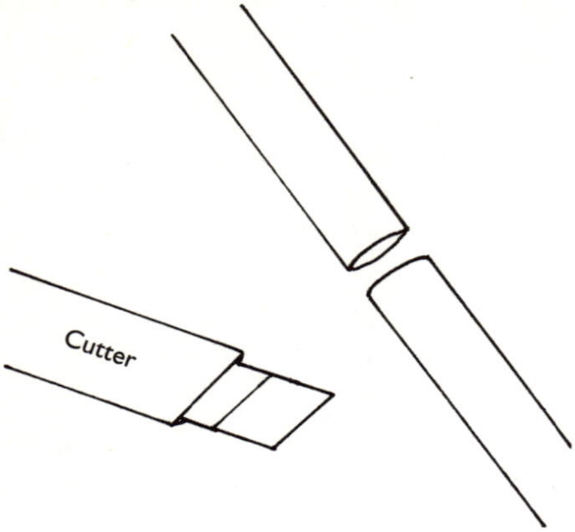

Abb. 48. PE-Schläuche lassen sich mit dem Cutter durchtrennen.

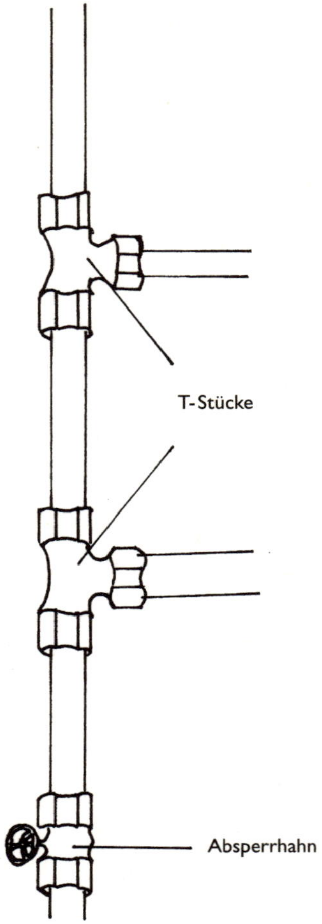

Abb. 50. Die Abzweigungen im Leitungssystem werden mit T-Stücken hergestellt.

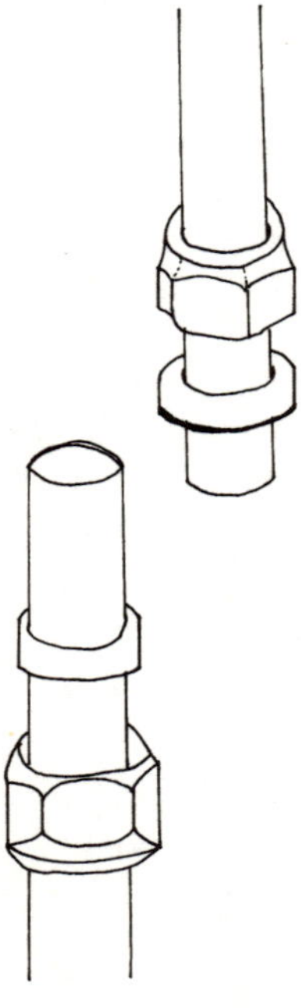

Abb. 49. PE-Verschraubungen bestehen aus mehreren Teilen: dem Gewindeanschlußstück, einem Metallring, dem Kunststoffklemmring und einer Überwurfmutter.

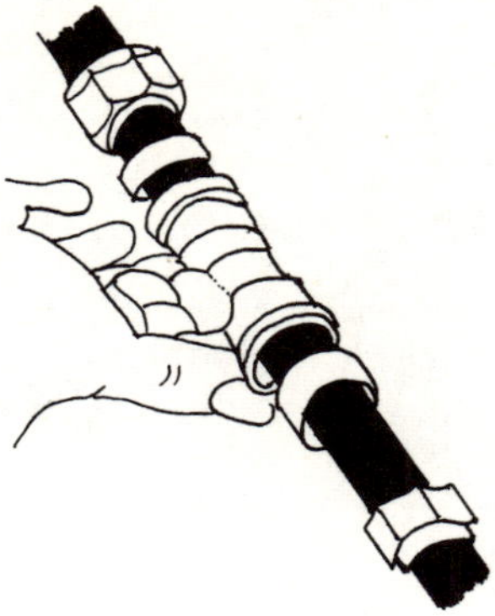

Abb. 51. So wird das T-Stück eingesetzt.

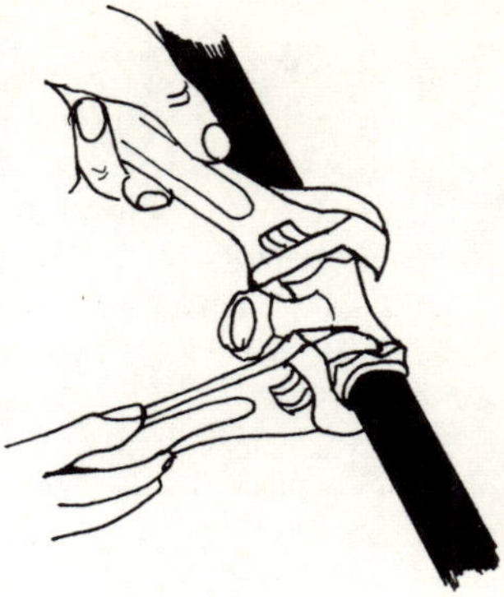

Abb. 52. Mit dem passenden Maulschlüssel werden die Muttern angezogen.

Überwurfmutter. Auf den PE-Schlauch werden in folgender Reihenfolge aufgeschoben: Überwurfmutter, Metallring und danach Klemmring aus Kunststoff. Das Gewindestück wird in das T-Stück eingeschraubt (Abdichten nicht vergessen! Siehe Abb. 50 und 51). Dann kann der PE-Schlauch in die dafür vorgesehene Nut des Gewindestückes eingeführt werden. Der Klemmring muß sich ca. 15 mm hinter dem Schlauchende befinden, damit die Überwurfmutter mühelos festgezogen werden kann. Mit passendem Maulschlüssel wird die Verbindung fixiert (Abb. 52).

3. Mit Rohrbändern oder Rohrschellen wird der PE-Schlauch an der Wand oder an Balken verankert. Die Bänder oder Schellen werden so angebracht, daß die Rohre noch einen geringen Spielraum haben. Leitungen im frostgefährdeten Bereich sollten jeweils mit einem Absperrventil mit Ablaßhahn versehen werden. Ein entsprechendes Gefälle sorgt dafür, daß die Leitungen nach dem Absperren vollständig leerlaufen können.

4. Verbindungen zu den Selbsttränken werden analog geschlossen.

5. Schlauchsystem anschließen, Hauptwasserhahn aufdrehen und die Verbindungen an den PE-Schläuchen überprüfen.

Die Montage der Selbsttränke

Tränkebecken gibt es in verschiedenen Ausführungen. Das Standardtränkebekken besteht aus einer Metall- oder Kunststoffschale, einer Metallzunge oder einem Nippel (bei jungen Pferden), der vom Pferd nach hinten gedrückt wird, um das Ventil zu öffnen und Wasser in das Becken strömen zu lassen.

Pro 100 m² Laufstall sollten zwei getrennte Tränken vorhanden sein beziehungsweise eine Tränke pro Box, und sie sind am zweckmäßigsten in einer Ecke angebracht.

1. Mit der Bohrmaschine werden Lö-

AUF EINEN BLICK

Tips aus der Praxis

- Wenn Reparaturarbeiten in einzelnen Stallbereichen anfallen, sind Absperrhähne von großem Vorteil, daher sollte mit ihrem Einbau nicht gespart werden.
- Bevor die Wasserleitung endgültig in Betrieb genommen wird, sollten Sie überprüfen, ob alle Verbindungsstellen dicht sind. Wenn möglich, erhöhen Sie den Wasserdruck gezielt.

cher für zwei starke Schrauben (Sechskant, ca. 10 × 90 mm) oder für entsprechende Dübel vorgebohrt. Dübel in die Löcher einführen, Schrauben in die dafür vorgesehenen Löcher der Selbsttränke stecken (Unterlegscheiben!) und anschrauben.

2. Auf der Unter- sowie der Oberseite des Tränkebeckens befinden sich jeweils ½-Zoll-Innengewinde für den Wasseranschluß. Das eine wird mit einem Blindstopfen versehen, in das andere wird das Anschlußstück eingedreht. Genauere Montage siehe oben.

Alte Gebäude neu genutzt

Hobby- wie professionelle Pferdehalter erstellen selten neue Gebäude, sondern renovieren fast stets bereits bestehende. In diesem Kapitel erfahren Sie einige nützliche Tips dazu, wie Sie schnell und preisgünstig das Innenleben eines alten Stalles neu gestalten können.

Abb. 53. Einem Meißel dürfen Sie ruhig fest auf den Kopf schlagen.

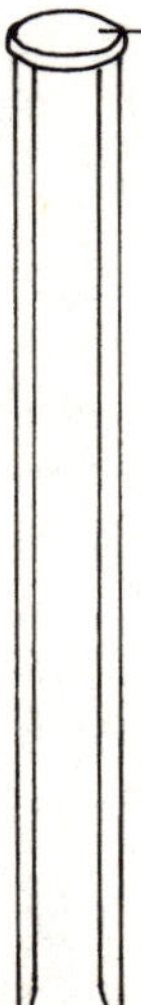

Mit Hammer und Meißel

Zu den gröbsten und anstrengendsten Renovierungsarbeiten gehört es, bestehende Mauern zu entfernen oder zerfressenen Estrich herauszustemmen. Für einmalige Arbeiten leihen Sie sich einen Meißelhammer von einem Handwerksbetrieb oder vom Baumarkt. Kleinere Arbeiten, wie zum Beispiel das Schlagen eines Schlitzes, können Sie per Hand mit Hammer und Meißel oder mit dem Bohrhammer erledigen. Die Handmeißel sind zwischen 10 und 50 cm lang (Abb. 53). Sie haben vorne eine scharfe Schneide, mit der das Mauerwerk bearbeitet wird, und hinten einen abgerundeten Kopf, auf den Sie mit dem Meißelhammer schlagen.

Für Arbeiten in Mauerwerk, Stein oder Beton genügt ein Flachmeißel. Denken Sie daran, daß Sie die Schneide des Meißels hin und wieder schärfen müssen. Tragen Sie bei der Arbeit eine Schutzbrille, damit keine umherfliegenden Steinsplitter ins Auge geraten können.

Achten Sie bei Renovierungsarbeiten darauf, daß Sie keine tragenden Mauern einreißen. Wenn dies nötig sein sollte, muß das Gewicht durch entsprechende Stützen abgefangen werden. Wie Sie neue Mauern ziehen oder einen neuen Estrich aufbringen, lesen Sie im Kapitel

»Mauern ohne Meisterbrief«. Häufig ist es daneben nötig, Innenwände neu zu verputzen, da die Ausdünstungen landwirtschaftlicher Nutztierrassen den Putz stark angreifen.

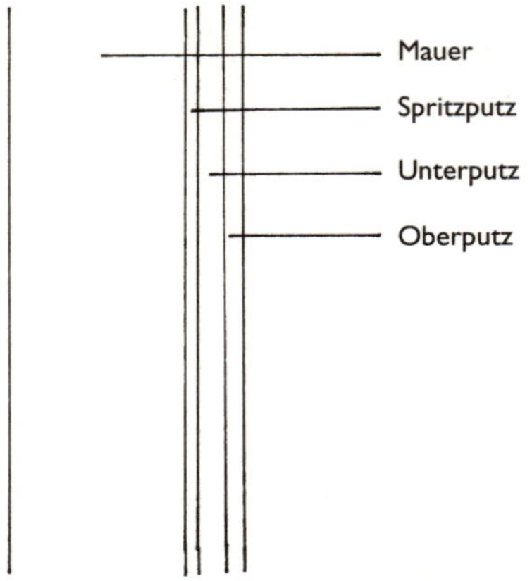

Abb. 54. Putz ist aus mehreren Schichten aufgebaut.

Neuer Schick für alte Wände

Das Verputzen von Wänden verlangt gewisse Sachkenntnis, weshalb Sie größere Wandflächen lieber einem Fachmann überlassen. An kleinere Flächen, wie zum Beispiel eine Boxentrennwand, oder an Reparaturarbeiten können Sie sich selbst wagen.

Putz

Putz wird in mehreren Schichten aufgetragen (Abb. 54). Auf das saubere Mauerwerk wirft man den Spritzputz aus flüssigem Zementmörtel (siehe Tabelle) dünn, aber deckend an die Wand. Lassen Sie sich die genaue Technik von einem gelernten Maurer zeigen. Auf den Spritzputz folgt (nach ca. 12 Stunden) der ca. 15 mm starke Unterputz. Ist auch dieser erhärtet (nach ein bis zwei Tagen), so wird der Oberputz angeworfen und je nach Wunsch strukturiert oder glatt gerieben.

Wenn der Putz abbröckelt

Hohler Putz zeigt blasenartige Beulen. Wenn Putzschäden beseitigt werden müssen, so ist es wichtig, Kenntnis über den Untergrund sowie den verwendeten Putz zu bekommen. Stellen Sie fest, ob das Mauerwerk durchfeuchtet ist und ob die Ursache eventuell im Außenputz zu suchen ist. Beseitigen Sie diese Schäden gründlich, bevor Sie mit der eigentlichen Arbeit beginnen.

Putzgrund	Verwendung	Mischungsverhältnis			
		Bindemittel Kalk	Zement	Gips	Sand
Rauhe, saugfähige Steine	Spritzputz	–	1	–	3
	Unterputz	1	–	1	3
	Oberputz	1	–	2	3

AUF EINEN BLICK

Tips aus der Praxis

- Alte Kalkfassaden lassen sich mit dem Hochdruckreiniger (Heißdampf) hervorragend säubern. Dies bringt schadhafte Stellen gnadenlos ans Licht, und man sieht, was alles getan werden muß.
- Sind Sie sich nicht sicher, ob der alte Putz tragfähig ist, so reiben Sie mit einem Stück Weichholz (Fichte, Kiefer) über die Stelle. Der Putz ist in Ordnung, wenn Holzspäne abgerieben werden.

Sie brauchen:

Material: Stahlstifte, Putzleisten, Putzmörtel, Abdeckplane

Werkzeug: Eimer und Mörtelkübel, Hammer, Meißel, Wasserwaage, Richtscheit, Schnur, Kelle, Spachtel, Metermaß, Handbrett zum Tragen des Gipsmörtels, Glatttraufel aus Stahl, Reibebrett, Dekkenbürste, Abziehbrett (1,5 m lang)

So wird's gemacht

1. Vorbereitung: Schlagen Sie mit Hammer und Meißel den losen Putz von der Mauer ab. Reinigen Sie die zu reparierende Stelle mit einer Drahtbürste. Wenn es nötig ist, weil der Schaden bis auf die Mauersteine geht, tragen Sie Spritzputz auf. Feuchten Sie die Fläche vor dem Verputzen gut an.

2. Anmischen des Gipsmörtels: Mischen Sie den Sand mit dem Kalk (noch kein Wasser zugeben!). Gießen Sie nun Wasser auf dieses Gemisch (nicht weitermischen, bis sich eine Pfütze bildet), und streuen Sie zuletzt in dieses Wasser den Gips. Sobald er sich vollgesogen hat, mischen Sie die Masse und geben bei Bedarf noch etwas Flüssigkeit zu. Gipsmörtel hat eine breiige bis teigige Konsistenz. Man mischt immer nur geringe Mengen an, denn er muß innerhalb von 15 Minuten verbraucht sein.

3. Aufbringen des Putzes: Häufeln Sie etwas Mörtel mit der Kelle oder der Glatttraufel auf das Handbrett, und bewegen Sie die Hand mit dem Brett ruckartig hin und her, damit er sich setzt. Mit der Unterseite der Glatttraufel wird der Mörtel vom Handbrett genommen und kräftig gegen die Wand gedrückt.

Um den Mörtel zu verteilen, hält man die Traufel schräg zur Wand in einem Winkel von ca. 30°. Bleibt der Gips an der Traufel hängen, hat man diese zu flach gehalten. Entstehen Ränder, drückt man zu stark auf.

4. Glätten: Zur groben Strukturierung reibt man kreisförmig mit dem hölzernen Reibebrett über den Rohanwurf. Die feine Arbeit wird mit der stählernen Glatttraufel vorgenommen. Zum Glätten von größeren Flächen verwendet man ein langes Abziehbrett.

Schäden und ihre Ursachen

Entdeckt man in der Stallwand einen Riß oder platzt der Putz ab, ist es nicht damit getan, die Schadstelle einfach zuzuschmieren. Die Ursachen müssen erforscht und beseitigt werden.

AUF EINEN BLICK

Tips aus der Praxis

- Erstarrenden Putz nicht durch Zugabe von Wasser wieder verarbeitungsfähig machen, sondern verwerfen.
- Putzarbeiten nicht bei Frost oder auf nassen Wänden ausführen, da der Abbindeprozeß dadurch gestört wird.
- Starke Sonneneinstrahlung entzieht dem frischen Putz das Wasser zu rasch. Frische Putze schützt man, indem man den Untergrund gut annäßt und Sonnenblenden anbringt.
- Setzen Sie im Innenbereich des Stalles keinen Gips ein: Gips fault.
- Sollen Holzbalken übergeputzt werden, muß ein Putzträger (z.B. Kunststoffgewebe, verzinkte Streckmetalle, Schilfmatten oder Jutegewebe) aufgebracht werden.
- Sichern Sie Schwachstellen im Untergrund der Reparaturstelle durch Glasgitter oder Streckmetallgitter.

Ein großes Problem bei der Stallhaltung von Pferden ist Feuchtigkeit, die sich an den Decken und Wänden niederschlägt. Darunter leiden nicht nur die Pferde, sondern auch die Wände. So entstandene Putzschäden erkennt man an gelblichen, rötlichen oder bräunlichen Fleckenrändern. Manchmal bilden sich an der Decke sogar richtige Tropfnasen.

Bevor man mit den Reparaturarbeiten beginnt, muß man das »Übel an der Wurzel packen«, sprich: das Lüftungssystem (falls vorhanden) überprüfen. Hier sollte man nicht Lüftung mit Zugluft verwechseln. Es gibt eine einfache, kostengünstige und trotzdem effektive Methode, für ein gesundes Stallklima zu sorgen: Warme Luft ist leichter als kalte, und so gerät Stalluft in Bewegung, wenn Temperaturunterschiede zwischen Stall und Umgebung bestehen. Zwei gleich große Öffnungen – eine oben, eine unten – bewirken bereits eine sinnvolle Luftzirkulation und den Austausch von alter durch neue Luft.

Optimal wäre es, die Entlüftungsöffnung in einen Schacht zu legen, der 5 m über der Decke liegt und mindestens 0,5 m über den First hinausragt (Prinzip Kamin) und darüber hinaus noch wärme- und dampfgedämmt ist (Abb. 55). Die Belüftungsöffnungen sollten in der Seitenwand mit der Oberkante knapp unter der Decke liegen. Eine optimale Luftzirkulation wird erreicht, wenn diese Öffnungen weit in den Stallbereich hineinra-

Seite 71:
Mauern ist eigentlich ganz einfach, wenn man ein paar Grundregeln beachtet: Richtschnur und Lot helfen, daß Waagrechte und Senkrechte eingehalten werden und außerdem die Steine einer Reihe alle auf gleicher Höhe zu liegen kommen.

Seite 72:
Mit Fantasie und Geschick lassen sich selbst komplizierte Projekte verwirklichen und verleihen der Anlage ein ganz besonderes Flair.

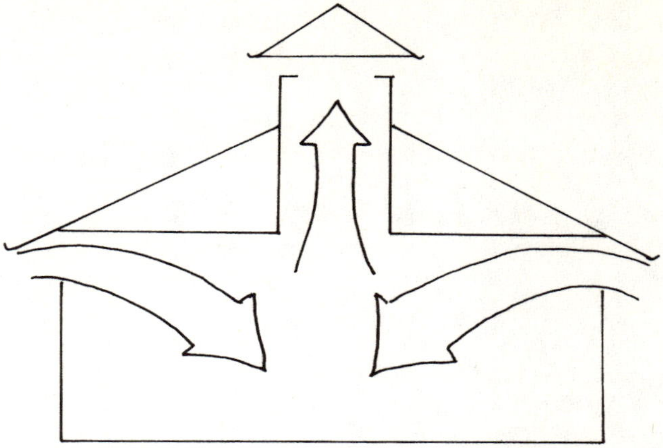

Abb. 55. Ein sinnvolles Lüftungssystem ist für ein gesundes Stallklima unabdingbar. Be- und Entlüftungsöffnungen müssen jedoch so gelegt werden, daß keine Zugluft entsteht.

gen. Die frische Luft sollte sich in einem Wirbel mit der alten vermischen, damit Zugluft vermieden wird.

Haben Sie für eine gute Belüftung des Stalles gesorgt und ist die Wand wieder völlig trocken, können Sie mit den Reparaturarbeiten beginnen. Doch zunächst inspizieren wir noch ein wenig das Mauerwerk.

Risse ausbessern

Tiefe, bis in das Mauerwerk reichende Risse sind ein Alarmzeichen und müssen gründlich untersucht werden. Machen

Es zieht

- Undichte Rahmenfugen an Fenstern und Türen können mit Dichtungsschaum aus Polyurethan beseitigt werden. Die Anwendung ist einfach: Die Sprühmasse wird durch ein schmales Röhrchen direkt in die Ritze aufgebracht, wo sie aufschäumt und so ihr Volumen vervielfacht. Nach ein paar Stunden ist sie erhärtet und die Fuge dicht.
- Da diese Masse giftig ist und die Pferde sie keinesfalls fressen dürfen, ist es nötig, in den Bereichen, die ihnen zugänglich sind, eine Blende anzubringen.
- Während der Schaum aushärtet, sollten die Pferde nicht in unmittelbarer Nähe sein, weil sich leichtgiftige Dämpfe entwickeln (später kann nichts mehr passieren).

Sie eine Gipsplombe. Warten Sie vier Wochen. Bricht der Gips, handelt es sich um Setzrisse. Ziehen Sie in diesem Fall einen Architekten zu Rate.

Feine Risse im Oberputz haben ihre Ursache in der Alterung und sind ganz normal. Es genügt, sie mit angerührter Spachtelmasse auszubessern.

Sie brauchen:

Material: Spachtelmasse, mittelfeines Schleifpapier

Werkzeug: Maurer-, Flächen-, Malerspachtel, Abdeckfolie, Dreikantkratzer, Hammer, Meißel, Sprühflasche mit Wasser, Schleifklotz

So wird's gemacht

1. Schadstelle auf Schadensursache hin untersuchen.
2. Riß mit dem Dreikantkratzer oder Flachmeißel erweitern, lose Putzstücke und Putzstaub vollständig entfernen (es geht gut mit einem Staubsauger).
3. Riß mit der Sprühflasche vornässen.
4. Reparaturmasse anrühren, mit dem breiten Spachtel in den erweiterten Riß drücken, trocknen lassen (beim Antrocknen bildet das Material eine Hohlkehle).
5. Nach dem Trocknen beginnt die Feinarbeit. Mit dem breiten Spachtel wird dünner angerührtes Füllmaterial aufgetragen, bis die Lücke auch nach dem Trocknen gefüllt ist. Den letzten Schliff erhält die Oberfläche der Wand durch Bearbeitung mit dem Schleifklotz.

Ecken und Kanten ausbessern

Beschädigte Mauerkanten können mit Eckschutzschienen verstärkt werden, die in den frischen Putz eingedrückt werden. Mit der Eckenkelle wird die Reparaturmasse gleichmäßig verteilt und in einem Zug rechtwinklig erneuert.

Wenn so eine Kelle nicht zur Verfügung steht, kann man sich behelfen, indem man zunächst an der einen Seite der Ecke ein Brett mit Nägeln an der Kante befestigt. Die andere Seite der Ecke wird nun eingeputzt. Nach dem Abbinden verfährt man umgekehrt.

Innenausbauten

Das Innenleben Ihres Stalles besteht in der Regel aus drei getrennten Bereichen: Futterbunker, Sattelkammer und eigentlicher Stall. Sie sollten räumlich getrennt sein.

Bergeraum für Futter

Sobald man Pferde im eigenen Stall hält, haben sie die Angewohnheit, sich zu vermehren. Es wird angebaut, damit das neue Stallmitglied ein Dach über dem Kopf hat, doch leider wird vergessen, daß das zusätzliche Mäulchen auch gefüttert werden muß. 2 bis 2 ½ Tonnen Heu (30–35 m^3) verschwinden im Durchschnitt zwischen den Mahlzähnen unserer Vierbeiner und verwandeln sich in handliche Pferdeköttel. Dazu kommen etwa 2 Tonnen Kraftfutter (4 m^3), ca. 4 Tonnen Stroh in Hochdruckballen (45 m^3) und/oder 3,6 Tonnen Sägemehl (12,5 m^3). An diesen Faustzahlen (nach G. Fink) läßt sich ablesen, daß die sachgerechte Lagerung von solchen Futter- und Einstreubergen durchaus ein Problem werden kann.

In alten Stallungen ist es üblich, Heu und Stroh auf dem Dachboden (Heuboden) zu lagern. Diese Technik ist altbe-

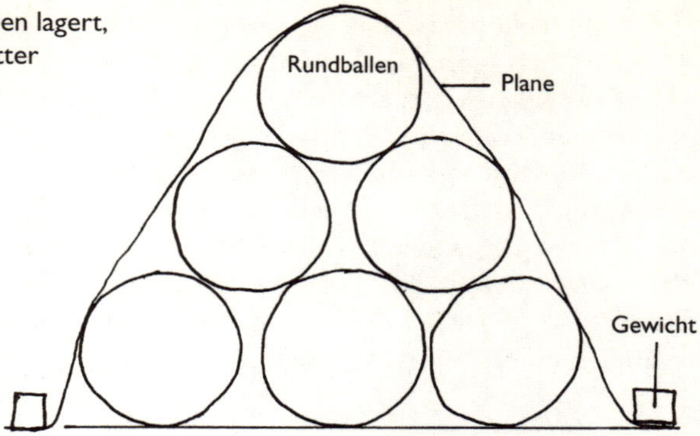

Abb. 56. Wer Rundballen im Freien lagert, muß sie sorgfältig vor Wind, Wetter und pickenden Vögeln schützen.

währt und durchaus sinnvoll. Heu und Stroh wollen trocken und luftig gelagert werden. Die Dächer von Scheunen sind nur selten isoliert, und das Material der Zwischendecke besteht fast immer aus lose aneinandergelegten Brettern, was für eine gute Belüftung sorgt. Doch es gibt einen gravierenden Nachteil: Die Heuernte wird zur schweißtreibenden Arbeit, die darüber hinaus alle nur irgendwie gewillten Personen zum Einsatz ruft. In der Eile (der Lohnunternehmer will rasch weiter) wird dann schon einmal nicht darauf geachtet, den Heustock korrekt anzulegen. Wichtig ist es, die Bunde locker zu lagern, damit die Luft zirkulieren kann.

Richten Sie die in der Aufsicht rechteckigen Bunde einer Lage immer gleich aus (zum Beispiel in der untersten Reihe alle Bunde längs). Die darauffolgende Lage wird in einem Winkel von 90 Grad darauf geschichtet (zum Beispiel in der zweiten Reihe alle Bunde quer). Nach der Ernte müssen Sie regelmäßig die Temperatur kontrollieren und notfalls umschichten. Achten Sie darauf, daß das Heu vor dem Pressen wirklich trocken ist, weil ein zu hoher Feuchtigkeitsanteil – insbesondere bei Preßballen – zu intensiven und langen »Schwitzperioden« im Heustock führt, was die Gefahr von Schimmelbildung deutlich erhöht.

Aus arbeitstechnischen Gründen wurde in vielen Betrieben auf Rund- oder Quaderballen (Silage oder Heulage) umgestellt. Weil sich so ein Rundballen aber per Hand nicht mehr bewegen läßt, sollte ein betriebseigener Frontlader oder ein Traktor mit Hecklader vorhanden sein. Rundballen lagert man ebenerdig, wobei durchaus zwei bis drei Reihen Rundballen aufeinandergestapelt werden können (Abb. 56). Kann man sie trocken unter einem Dach lagern, verbessert dies die Haltbarkeit ungemein. Wer dort nicht genug Fläche besitzt, der sollte sie wenigstens mit ein oder zwei festen Plastikplanen vor dem Anpicken der Vögel schützen.

Pelletiertes Kraftfutter und Melasseschnitzel werden in Säcken, bei größeren Mengen auch lose geliefert. Pellets müssen absolut trocken gelagert werden! Wenn gute, mehrlagige Säcke verwendet werden, kann man sie durchaus in diesen belassen und sie nach dem Öffnen in eine Futterkiste umfüllen. Silos müssen trokken und mäusesicher sein.

Im Frühjahr sollten die Gefäße oder das Silo gründlich gereinigt, eventuell auch desinfiziert werden. Verfüttern Sie Getreide, insbesondere Hafer, niemals ungereinigt! Verläuft der Futtererwerb nicht einwandfrei oder ist (in nassen Jahren) der Feuchtigkeitsgehalt zu hoch, kann das Getreide durch Milben oder Schimmelpilze verderben (was man mit dem bloßen Auge nicht sehen kann).

Die Sattelkammer

In der Sattelkammer sollte ein nicht zu trockenes und nicht zu feuchtes, jedenfalls frostfreies Klima herrschen. Ein Waschbecken sowie ein Heizkörper sind in jedem Fall nützlich. Für alle Gegenstände, die man für das Pferd braucht, sollte genügend Platz vorhanden sein, so daß sie übersichtlich angeordnet werden können. Je nach Geschmack und Geldbeutel gibt es verschiedene Möglichkeiten, Sattel und Trense aufzubewahren. Die einfachste Möglichkeit ist der Holzbock, den Sie in einem Baumarkt günstig bekommen oder selbst bauen können (siehe Kapitel »Sägen«). Damit der Sattel nicht direkt auf dem Holz liegt, kann man den oberen Holm mit einem Bezug aus Leder versehen. Dazu schneidet man das Leder auf Länge, legt es auf den Holm und fixiert es mit dem Elektrotakker. Man kann die Sattelhalter auch an der Wand befestigen. Dabei sollten Sie darauf achten, daß die Halterungen nicht zu hoch angebracht werden, so daß sie gut erreichbar sind. Die Trensenhalter können dann direkt daneben oder darüber montiert werden. Es empfiehlt sich, die Wand mit Holz zu verkleiden, damit der Sattel nicht mit Putz oder Farbe in Berührung kommt.

Ein Sattelhalter

Hölzerne Rückwand mit Hutablage
Sie brauchen:

Material: 1 Preßspanplatte 19 mm, kunststoffbeschichtet 180 × 100 cm, 1 Platte gleicher Stärke 30 × 100 cm, 2 Dreiecke 30 × 30 cm, Umleimer, 16 Schrauben 5 × 40

Werkzeug: Bügeleisen, Cutter, Schleifpapier, Akkubohrschrauber, Zollstock

So wird's gemacht

1. Wandverkleidung: Die Platten werden zunächst rundherum mit Umleimer versehen. Danach bekommt die Diagonale der beiden Dreiecke (die längste Seite) einen Umleimer. Die überstehenden Kanten schneiden Sie mit einem Cutter sauber ab und brechen sie mit Schleifpapier (Abb. 57).

2. Im nächsten Arbeitsgang wird die 30 cm breite Platte für die Hutablage an

Abb. 57. Der Umleimer wird aufgebügelt.

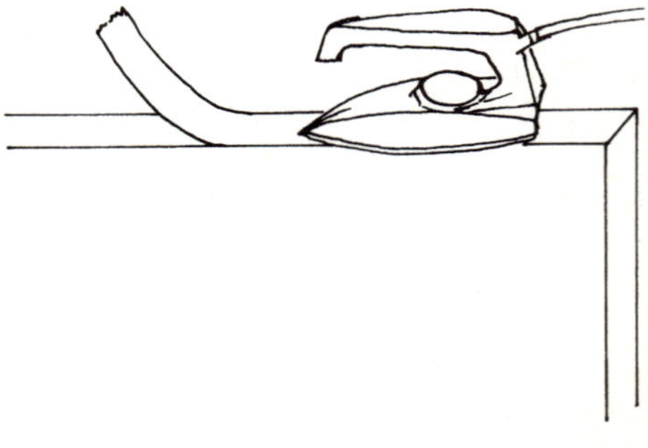

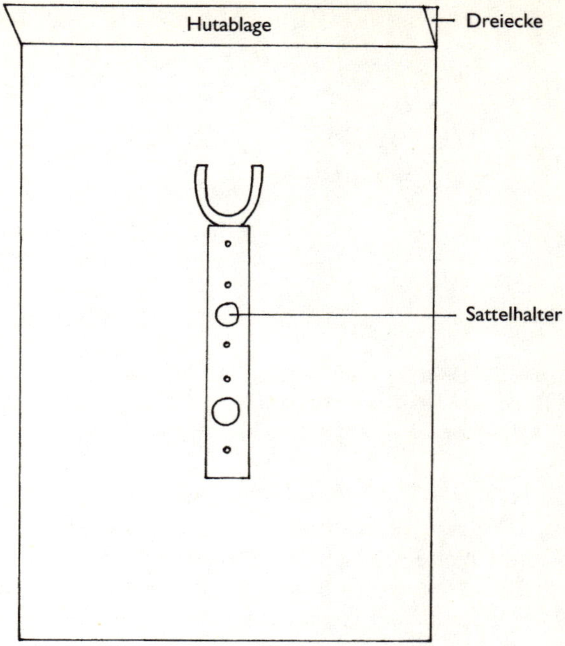

Abb. 58. So sieht der fertige Sattelhalter mit Holzrückwand aus.

der Oberseite der Rückwand vor diese von hinten angeschraubt. Anschließend müssen Sie die beiden Dreiecke an den beiden Seiten mit je zwei Schrauben von oben und hinten (Abb. 58) befestigen. Wenn Sie dann noch Lust haben, können Sie ein zweites »Holzpaneel« für die Trensenhalter fertigen.

Sattelhalter aus Metall für zwei Sättel
Sie brauchen:

Material: 1 Hufeisen, 1 Flacheisen 8 × 80, 80 cm lang, 2 Rohre mit einem Durchmesser von 60 mm (pro Sattel eines), 60 cm lang, 2 Kunststoffkappen für die Rohrenden, schwarze Farbe

Werkzeug: Schweißgerät, Winkelschleifer, Bohrmaschine, Pinsel, Bohrer 6 mm und 10 mm

So wird's gemacht

1. Vorbereitung des Trägers: Als eigentlicher Sattelhalter dient ein Rohr. Da es jedoch nicht »einfach« an die Holzrückwand geschraubt werden kann, ist es notwendig, einen Träger anzufertigen, der die Rohre an der Wand hält. Versehen Sie das Flacheisen mit 5 Löchern in einem Abstand von ca. 20 cm. Hierfür setzen Sie den 6-mm-Bohrer in die Bohrmaschine und bohren das Loch vor. Danach wird es mit dem 10-mm-Bohrer aufgebohrt.

2. Schweißarbeiten (Abb. 59): Legen Sie das Flacheisen auf den Boden. Dann wird das Hufeisen – es dient lediglich der Dekoration – mit der Öffnung nach oben stumpf (flach) auf ein Ende aufge-

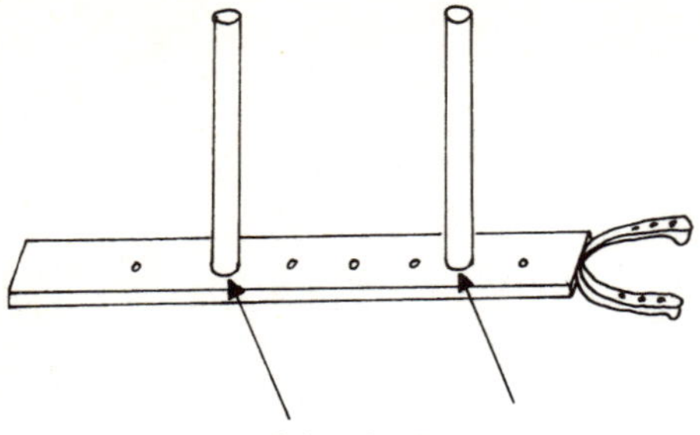

Abb. 59. Die Schweißnähte zwischen Flacheisen und dem Rohr müssen bombenfest sein, denn sie tragen später das Gewicht des Sattels.

schweißt. Das erste Rohr wird mittig im rechten Winkel, im Abstand von 5 cm vom Ende des Flacheisens befestigt; das zweite folgt in einem Abstand von 60 cm. Diese Schweißnähte müssen bombenfest sein!

3. Abschließende Arbeiten: Nach dem Erkalten schleifen Sie mit dem Winkelschleifer die Schweißnähte glatt. Anschließend können Sie das Gestell mit Farbe verschönern. Die Kappen werden vor dem Aufdrücken auf die Rohrenden in heißes Wasser gesteckt, damit sie sich leichter aufschieben lassen.

Die Montage

Sie brauchen:

Material: stabile Schrauben (10 × 80), Holzklötze oder Keile, Dübel S12, für die Holzplatte 4 Dübel (8 mm), 4 Schrauben (5 × 70), zum Holzdekor passende Kappen für die Schraubenköpfe, einen Helfer. Für das Aufhängen von Trensen, Longierleinen oder ähnlichem ca. 8 hölzerne Garderobenhaken (Baumarkt)

Werkzeug: Bohrmaschine, Wasserwaage, Zollstock, Hammer, Akkubohrschrauber, Ringschlüssel, Steinbohrer 8 mm und 6 mm

So wird's gemacht

1. Anbringen der Holzrückwand: Stellen Sie die fertige Plattenkonstruktion an die vorgesehene Wand. Legen Sie Keile oder Holzklötze unter, um den erforderlichen Bodenabstand festzulegen. Richten Sie die seitliche Kante mit der Wasserwaage senkrecht aus. Bohren Sie mit dem 6-mm-Bohrer an den vier Ecken (Abstand von jeder Ecke 20 cm) je ein Loch durch die Platte in die Wand. Bohren Sie die Löcher mit dem 8-mm-Bohrer auf. Nehmen Sie die Platte wieder weg. Stecken Sie nun die Dübel in die Löcher an der Wand, und passen Sie die Platte an. Fixieren Sie sie mit den Schrauben. Setzen Sie die Kappen auf die Schraubenköpfe.

2. Sattelhalter befestigen: Ein Helfer hält den Sattelhalter mittig auf die Holzplatte (Bodenabstand unteres Rohr 75 cm; Wasserwaage!). Zeichnen Sie die Löcher mit Bleistift an. Nehmen Sie die Konstruktion weg. Bohren Sie die Löcher (12-mm-Steinbohrer) durch das Holz in die Wand. Stecken Sie die Dübel in die Löcher. Drehen Sie eine Schraube mit der Hand leicht in den Dübel und schlagen Sie den Dübel mit dem Hammer ca. 2 cm tief in die Wand. Nehmen Sie die Schraube heraus. Wiederholen Sie diesen Vorgang bei jedem Dübel. Der Helfer hält den Sattelhalter wieder an die vorgesehene Stelle. Nun wird er mit den fünf Karosserieschrauben endgültig befestigt.

3. Die Trensenhalter: Auf einer weiteren Rückwand möchten Sie hölzerne Garderobenhaken als Trensenhalter an-

bringen. Pro Rückwand können acht Trensenhalter angebracht werden.

Zeichnen Sie 5 cm von der Hutablage entfernt mit Bleistift eine waagrechte Linie, eine weitere im Abstand von 85 cm. Außerdem werden noch Markierungen für die Bohrungen im Abstand von je 20 cm angezeichnet. Bohren Sie die Löcher vor. Der Durchmesser des Loches richtet sich nach den mitgelieferten Schrauben. Die Haken werden von hinten angeschraubt. Das weitere Anbringen der hölzernen Rückwand erfolgt wie unter 1. beschrieben.

Stallraum

Der eigentliche Stallraum, in dem die Pferde einen großen Teil ihres Lebens verbringen, sollte auf ihre ureigenen Bedürfnisse (gute Belüftung, helle, natürliche Lichtquellen, ausreichend Lauf- und trockene Liegeflächen, Sozialkontakt ohne sozialen Streß, individuelle Fütterung) zugeschnitten sein. Zum Thema Stallbau gibt es reichlich Literatur (siehe Literaturverzeichnis im Anhang), weshalb hier nicht näher darauf eingegangen werden soll.

Rund um den Stall – Befestigte Wege und Plätze

Der ständigen Beanspruchung durch Pferdehufe, Menschenfüße und Schubkarrenräder hält auf die Dauer keine Grasnarbe stand. Befahrene, berittene und begangene Wege sollten deshalb speziell für ihren Verwendungszweck präpariert werden.

Es gibt hierfür verschiedene Möglichkeiten, wie zum Beispiel: Aufschottern, Auffüllen mit Sand, Asphaltieren oder Pflastern.

Was paßt wohin?

Grundsätzlich sollten beim Befestigen von Wegen die Art der Nutzung (Fußwege, Reitwege, befahrene Wege) und die Ästhetik (Harmonie mit der Umgebung) im Vordergrund stehen. Verwenden Sie – wenn möglich – Natursteine, die in der Gegend vorkommen, oder einen Fertigstein, der sich harmonisch in das Gesamtbild fügt. Die Linienführung des Weges sollte weich verlaufen, ohne scharfe Ekken und nicht unbedingt schnurgerade. Pflanzen am Wegrand dürfen ruhig ein wenig auf die Bepflasterung wuchern, aber denken Sie daran, daß zu dicht gesetzte Bäume und Sträucher schnell den Weg einengen.

Auf Treppenstufen sollte man – zumindest bei Wegen, die auch von den Pferden begangen werden – verzichten. Ihr Pferd wird es Ihnen danken. Statt dessen kann man zur Überwindung des Höhenunterschiedes serpentinenartige Schleifen anlegen. Ein Anbindebalken aus schwerem Holz, der tief in den Boden eingelassen wird, ein Brunnen oder gar ein kleiner Teich sind das Tüpfelchen auf dem i und außerdem nützlich.

Doch nicht jeder Wunschtraum ist realisierbar. Bevor Sie sich mit einem weitreichenden, zeitraubenden und teuren Projekt übernehmen, sollten Sie sich einige Fragen ehrlich beantworten:

Wie groß sind Ihre handwerklichen Fähigkeiten tatsächlich? Wieviel Zeit und Mühe können und wollen Sie investieren, beziehungsweise wieviel Freizeit haben Sie zur Verfügung: Die nächste Schlechtwetterperiode kommt bestimmt. Verlegen Sie Steine zum erstenmal, oder haben Sie einen Ihnen wohlgesonnenen Nachbarn, Freund oder handwerklich begabten Bekannten, die Ihnen mit Rat und Tat zur Seite stehen? Wieviel Geld wollen Sie investieren? Von wem wird der zukünftige Weg außerdem genutzt? Wenn etwa Fahrzeuge dort verkehren, entstehen ganz besondere Druckbelastungen, die aus Gründen der Sicherheit einen festen, vorpräparierten Unterbau und eine besondere Auswahl der verwendeten Steine nötig machen.

Wege mit System oder Fantasie?

Natursteine (Abb. 60)

Ein Belag aus Natursteinen, in dessen Zwischenräumen Gras wächst, kostet wenig, wenn man sich auf den Weg macht und eifrig entweder Steinplatten oder große Steine sammelt. Wer sich die Sucherei sparen will, fragt im nächsten Steinbruch nach. Wählen Sie Steinsorten, die in Ihrer Gegend vorkommen. Sie müssen lediglich frostfest sein (wie zum Beispiel Granit oder Sandstein).

Kopfsteinpflaster – ebenfalls ein Naturstein – besteht aus Granit, Gneis, Basalt oder Quarzit, also Steinen, die in Steinbrüchen gewonnen werden. Kein Stein ähnelt dem anderen, was gerade den besonderen Reiz dieser Pflasterung ausmacht. Außerdem sind diese Natursteine sehr hart und widerstandsfähig. Die kleinen Pflastersteine haben eine quadratische Grundfläche mit je 8 bis 12 cm Kantenlänge. Die Höhe der Steine variiert zwischen 4 und 16 cm, Abweichungen auch innerhalb einer Lieferung sind normal. Sie werden beim Verlegen ausgeglichen.

Abb. 60. Die Schönheit des Natursteinpflasters liegt in seiner Unregelmäßigkeit. Leider ist es dadurch schwieriger zu verlegen.

Holzpflaster

Mit seiner individuellen, lebhaften Maserung ist Holz eine wunderschöne Möglichkeit, begangene Wege zu gestalten. Es ist zudem weit weniger empfindlich, als ihm nachgesagt wird, und trotzt selbst härtestem Frost. Allerdings müssen Sie durch eine entsprechende Imprägnierung das Grundmaterial haltbar machen, da Holz als Naturmaterial einem biologischen Zersetzungsprozeß unterworfen ist.

Als Grundlage für Ihr Holzpflaster verwenden Sie weiß geschälte Nadelholzstämme mit einem Durchmesser von 10 bis 15 cm. Mit der Säge längen Sie es auf 10 cm ab. Diese Zuschnitte legen Sie in Borsalzlösung (Handschuhe!). Trocknen lassen – und fertig ist das Holzpflaster.

Ziegel

Pflasterziegel werden aus Ton gebrannt. Aufgrund seiner Herstellung ist auch der Ziegel nahezu frostbeständig und sehr hart, so daß er sich auch für zeitweise befahrene Wege eignet. Die gleichmäßige Form der Steine erleichtert das Verlegen und läßt sich bequem zu Mustern kombinieren. Leider sind Pflasterziegel teuer. Sollen sie befahren werden, müssen die Ziegel in ein Bett verlegt werden (dazu weiter unten: Putzplatz aus Ziegel- oder Wabensteinen).

Wabensteine aus Beton

Häufig wird bei der Ausgestaltung von Innenhöfen und Putzplätzen der Wabenstein aus Beton verwendet. Auch er ist noch relativ gut frostbeständig und eignet sich für zeitweise befahrene Wege. Betonsteine sind vor allem bei Handwerkern beliebt, die rasch ans Ziel kommen wollen. Man kann sie nämlich nicht nur als Einzelsteine, sondern auch im Verbund (mehrere bereits zusammengefügte Steine) kaufen.

Betonplatten

Ganz eilige Handwerker, die größere Flächen bearbeiten wollen oder müssen, verwenden Betonplatten. Zwar ist auch hier ein Unterbau nötig, doch die Verlegearbeit geht erheblich rascher als mit kleinen Ziegeln oder Wabensteinen. Geschickte Maurer gießen sich ihre Betonplatten sogar selbst, was die Kosten erheblich senkt.

Putzplatz aus Ziegel- oder Wabensteinpflaster

Sie brauchen:

Material: Kies, Sand und Feinsand, Pflasterziegel, lange Schnur und Pflöcke

Werkzeug: Spaten, Rechen, Wasserwaage, Holz-, Maurer- und Pflasterhammer, Richtlatte, Gartenschlauch, Stampfer oder Rüttler

So wird's gemacht

1. Die Planung (Abb. 61): Vermessen Sie die Größe des zukünftigen Putzplatzes. Berechnen Sie die benötigten Materialien (Sand, Kies, Feinsand und Ziegel). Stekken Sie die Fläche, die bearbeitet werden soll, mit Holzpflöcken ab (siehe Kapitel »Mauern ohne Meisterbrief«). Spannen Sie eine Richtschnur. In Hanglagen oder unebenem Gelände muß die Richtschnur mit der Wasserwaage ausgerichtet werden.

2. Aushub: Heben Sie entlang der Richtschnur den Boden ca. 30 cm tief aus und transportieren Sie den Aushub ab. Führen Sie den Spatenstich senkrecht entlang der Schnur.

3. Unterbau (Abb. 62): Der Unterbau ist Ausgleichs- und Drainageschicht und sollte mit großer Sorgfalt aufgebracht

Abb. 61. Die Richtschnur sollte mit der Wasserwaage ausgerichtet werden.

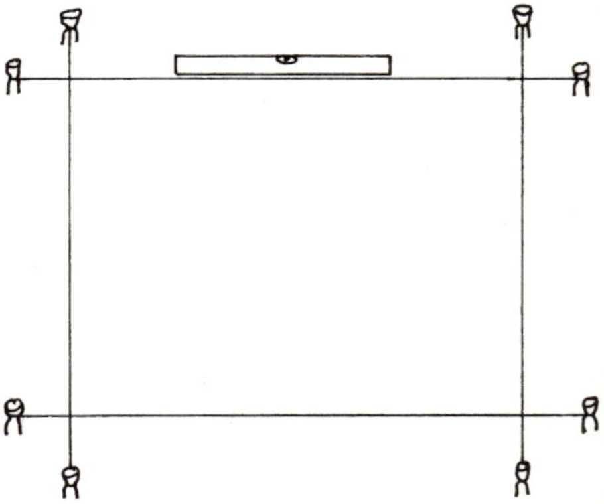

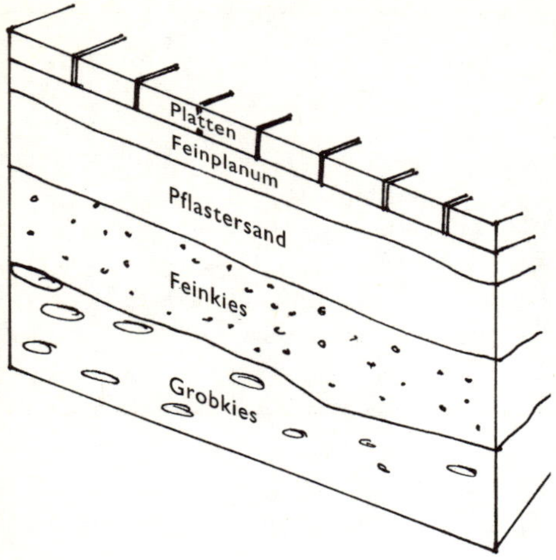

Abb. 62. Wer lange Zeit Freude an dem verlegten Pflaster haben möchte, muß auf den Unterbau sehr viel Sorgfalt verwenden.

werden. Sie müssen ca. 10 cm Grobkies, anschließend 10 cm Kiessand und schließlich 5 cm Pflastersand schichtweise aufschütten. Bei einem Putzplatz, der nur begangen und nicht befahren wird, kann man auf die erste Schicht verzichten. Verteilen Sie Kies und Sand ebenerdig mit dem Rechen. Um die Schichthöhe gleichmäßig zu bekommen, können Sie mittig kleine Holzpflöcke einschlagen, an denen die Schichthöhen durch Kerben markiert sind (siehe auch Kapitel »Mauern ohne Meisterbrief«). Verdichten Sie jede Schicht mit dem Stampfer oder dem Rüttler. Achten Sie bereits jetzt auf ein leichtes Gefälle, damit das Oberflächenwasser in die gewünschte Richtung abfließen kann.

4. Das Planum (Abb. 63): Um die Steine gleichmäßig verlegen zu können, müssen Sie eine ebene Fläche, das Planum, schaffen. Setzen Sie mit 10 cm Abstand zur Richtschnur Latten in den Feinsand (mindestens zwei Stück), die mit der Wasserwaage kontrolliert werden (Gefälle beachten!). Ziehen Sie mit einem Kantholz quer zu den beiden im Sand verlegten Latten den Untergrund ab. Dann legen Sie die endgültige Höhe des Feinplanums fest (mit einem Ziegelstein nachprüfen!). Unebenheiten, die durch das Abziehen entstanden sind, werden mit Sand aufgefüllt. Nochmals mit dem Kantholz abziehen (Gefälle mit einer auf die Latte gesetzten Wasserwaage kontrollieren!). Schichten Sie nun vorsichtig mit der Schaufel Feinsand auf die Fläche. Verteilen Sie diesen mit dem Rechen gleichmäßig, und ziehen Sie mit dem Kantholz wiederum ab. Stellen Sie die Düse des Gartenschlauches auf Sprühen, und feuchten Sie den Sand vorsichtig an, um Hohlräume im Planum ausfindig zu machen. Nun entfernen Sie vor-

Abb. 63. Die Steine werden in ein ebenes Sandbett, das Planum, gesetzt.

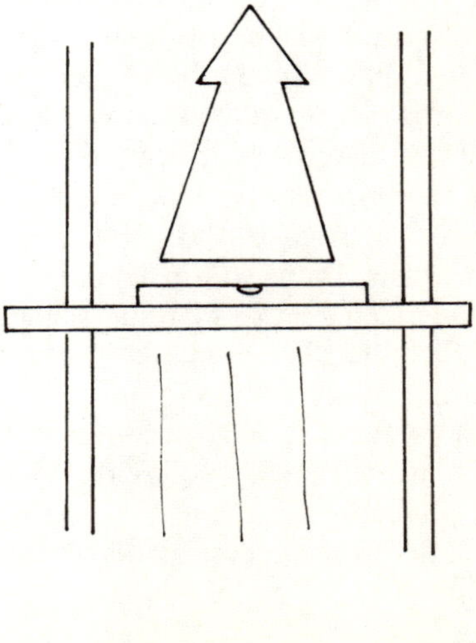

AUF EINEN BLICK

Tips aus der Praxis

- Die Eckpunkte wie beim Fundamentaushub mit Fadenkreuzen markieren.
- Steine immer vollflächig verlegen; nicht nachträglich verrücken.
- Kleine Differenzen können mit dem Gummihammer ausgeglichen werden. Nie direkt auf die Ziegel klopfen, sondern immer ein Schlagbrett verwenden!
- Ob die Steine einer Reihe in einer Ebene liegen, kann man überprüfen, indem man eine Richtlatte darauflegt.

sichtig die Abzugslatten. In die entstandene Rille füllen Sie mit der Kelle Feinsand. Wässern Sie die Fläche nochmals, und verdichten Sie die aufgefüllte Rille mit dem Stampfer.

5. Das Verlegen der Steine: Kontrollieren Sie nochmals die Richtschnur! Die erste Steinreihe wird so gesetzt, daß ihre Oberkante genau an der Richtschnur anliegt. Zwischen den Steinen sollte eine Fuge von ca. 5 mm bleiben. Achten Sie darauf, daß die Steine festliegen. Kontrollieren Sie ständig mit der Wasserwaage das Gefälle. Überlegen Sie genau, wie Sie jeden einzelnen Stein in das Sandbett setzen. Wurde der Stein nicht korrekt gesetzt, so muß er noch einmal angehoben werden. Niemals darf ein Stein in die richtige Position geschoben werden, weil sonst das Planum verletzt wird.

6. Steine sauber teilen (Abb. 64): Manchmal ist es nötig, halbe Steine zu verwenden. Da es so gut wie unmöglich ist, einen Ziegel per Hammerschlag sauber zu teilen, behelfen sich Maurer mit einem Trick:

Sie brauchen dazu: zwei gerade Holzlatten, weiße Straßenmalkreide, Hammer und Meißel.

Suchen Sie sich eine stabile Arbeitsfläche! Markieren Sie mit Kreide die Trennungslinie (Winkel!). Mit Hammer, Meißel und etwas Gefühl wird entlang der Linie eine kleine, ca. 5 mm tiefe Kerbe ausgestemmt. Legen Sie den Ziegel auf die beiden Holzlatten mit der Kerbe nach unten und lassen Sie zwischen den Latten einen kleinen Spalt. Ein oder zwei gefühlvolle Schläge mit dem Hammer, und Sie haben die zwei gewünschten Hälften mit einer sauberen Bruchkante.

7. Der letzte Schliff: Nachdem der

Abb. 64. So können Sie Ziegel teilen.

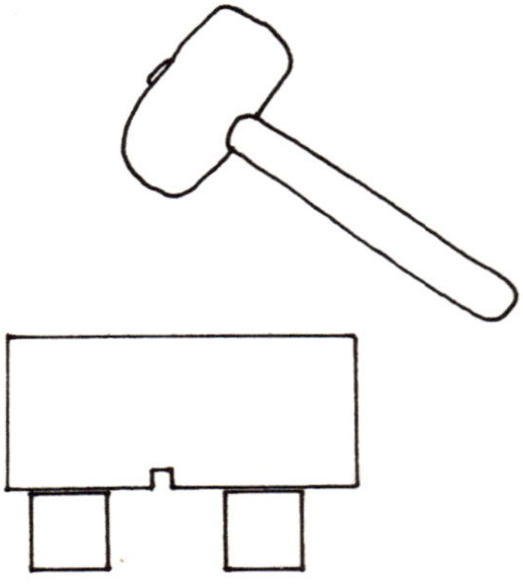

letzte Ziegel gesetzt und verdichtet ist, werden die Fugen mit Feinsand aufgefüllt. Mit der Schaufel streuen Sie eine dünne Lage Feinsand auf die Ziegel und fegen ihn mit dem Besen in die Fugen. Der Wasserstrahl des Gartenschlauches schwemmt den Sand in die Fugen und verdichtet sich dort. Diese Prozedur sollte mehrmals an verschiedenen Tagen wiederholt werden, bis die Fugen ganz mit Sand gefüllt sind. Erst dann können Sie den Putzplatz benutzen.

Rund um den Holzzaun

Es gibt ein großes Sortiment verschiedenster Weidezäune. Der beliebteste Zaun im Pferdebereich ist der Holzzaun. Wer sich darüber informieren möchte, holt am besten die Bauanleitungen beim jeweiligen Hersteller oder Händler ein. Holzzäune gibt es als elegante Fertigsysteme zu kaufen, oder man erwirbt direkt beim Forstbetrieb die nötigen Pfosten und Stangen. Letzeres ist zwar die billigere Methode, jedoch auch die aufwendigere, weil Sie das Holz selbst schälen, imprägnieren und zuschneiden müssen (siehe auch Kapitel »Wieviel Chemie braucht das Holz?«). In unserem Do-it-yourself-Projekt greifen wir auf vorbehandeltes und vorgeschnittenes Material zurück.

Ein Paddock wird angelegt

Hier verzichten wir auf Materialangaben, weil je nach Größe und Wahl des Bausystems Material und Menge schwanken.

Bevor man mit der Umzäunung anfängt, muß man sich über die Bodenverhältnisse klarwerden. Ihre Pferde sollen schließlich im Winter nicht im Sumpf stehen. Generell ist es für eine optimale Förderung des Hufmechanismus am günstigsten, verschiedene Bodenverhältnisse anzubieten, was jedoch selten realisierbar ist.

Am wenigsten aufwendig ist es, die oberste Schicht Mutterboden abzutragen und sie mit Sand zu füllen. Bei durchlässigen Böden ohne Neigung kann dieses Verfahren schnell, kostengünstig und mit wenig Aufwand durchgeführt werden. Doch solch einen Glücksfall hat man nur selten. Meist gibt es undurchlässige Stellen im Boden, wo sich das Wasser sammelt. Normalerweise müssen Sie deshalb von vornherein eine Drainage einplanen. Daneben sollte man, damit der Sand nicht vom Regen weggeschwemmt wird, eine Umrandung, am besten mit fertigen Rinnsteinen oder mit Bahnschwellen, anlegen.

So wird's gemacht

Aushub:

1. Beobachten Sie den zukünftigen Auslauf einen Winter lang, bevor Sie mit der Arbeit beginnen. Wo bleiben Pfützen stehen? Wohin läuft das Oberflächenwasser ab? Machen Sie Fotos, oder markieren Sie die nassen Stellen.

2. Mit Holzpflöcken werden die Ecken des zukünftigen Zaunes markiert. Liegt der Grundriß des Paddocks fest, so wird zunächst die schwarze Humusschicht mit dem Frontlader oder einer Planierraupe gleichmäßig abgetragen. Bei schlecht durchlässigen Böden wie schwerem

Lehm sollte man ruhig etwas tiefer gehen. Streben Sie von vornherein ein Planum mit geringer Neigung an. Ein erfahrener Raupenführer kann Ihnen das jederzeit herstellen.

3. An den markierten Stellen heben Sie ein Erdloch aus (1 × 1 × 1 m), das als Drainage dienen soll. Meist haben Sie damit die Sperrschicht im Boden bereits durchbrochen. Dieses Loch wird mit grobem Schotter knapp und etwas feinerem bis auf Höhe des Planums aufgefüllt.

Unterbau und Einfassung

1. Nun kann eine erste Schicht groben Sandes aufgetragen und mit dem Rüttler oder Stampfer verfestigt werden.

2. Spannen Sie eine Richtschnur entlang der Kante. Legen Sie die Steine für die Einfassung bündig zur Schnur (dazu auch Kapitel »Befestigte Wege und Plätze«). Die Oberkante der Steine sollte über die zukünftige Paddockebene herausragen.

3. Zuletzt wird der Paddock mit feinem, ungewaschenem Sand aufgefüllt.

Paddockzaun aus imprägniertem Holz

1. Spannen Sie eine Schnur von Ecke zu Ecke, um die Flucht zu erhalten. Eckpunkte mit einem Fadenkreuz markieren (siehe dazu auch das Kapitel »Mauern ohne Meisterbrief«). Damit Sie rechte Winkel in den Ecken erhalten, werden die Diagonalen nachgemessen (sie müssen beide gleich lang sein).

2. Die Lage der Zwischenpfosten, des Durchschlupfes und der Tür sowie des zukünftigen Unterstandes werden mit Pflöcken markiert. Anschließend kann die Richtschnur abgenommen werden.

3. Mit dem Doppelspaten werden ca. 1,2 m tiefe Löcher für die Pfosten gegraben, der Aushub sorgfältig daneben gelegt.

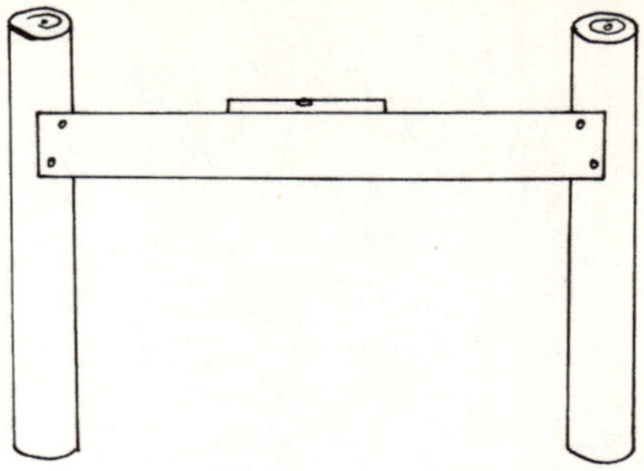

Abb. 65. Bei Holzzäunen sollte die »Optik« stimmen: Damit die Riegel später waagrecht sind, prüft man mit der Wasserwaage nach.

4. Die Pfosten werden in die Löcher gestellt. Die Erde wird wieder in die Löcher gefüllt und sorgfältig mit dem stumpfen Ende der Brechstange festgestampft, während ein Helfer den Pfosten hält, damit er senkrecht bleibt.

5. Die Riegel werden auf Maß geschnitten. An den Nahtstellen teilen sich zwei Riegel einen Pfosten. Freischwebende Nahtstellen zwischen den Pfosten müssen unbedingt vermieden werden.

6. Ein Helfer hält den ersten Riegel passend an die Holzpfosten. Achten Sie mit Hilfe der Wasserwaage oder per Augenmaß darauf, daß er waagrecht liegt. Dann wird mit einem Bleistift seine Lage am Pfosten markiert. Für die Schrauben werden die Löcher am Ende des Riegels vorgebohrt. Der Helfer hält ihn wieder an die Markierung. Anschließend wird der Riegel mit zwei Schrauben fixiert (Abb. 65).

7. Um die untere Reihe Riegel parallel zur oberen anbringen zu können, muß man den Abstand zwischen Oberkante

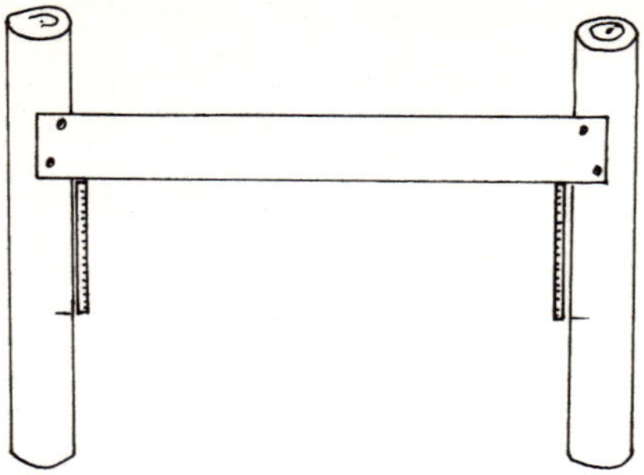

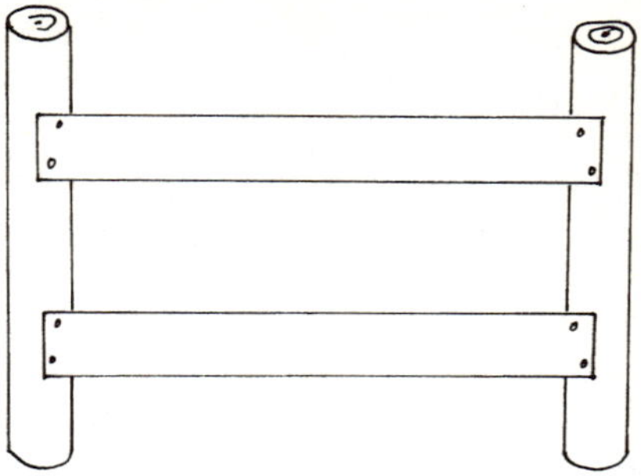

Abb. 66 und 67. Mit Zollstock und Bleistift markieren Sie die Stelle, wo der untere Riegel fixiert werden soll.

des unteren und Unterkante des oberen Riegels ausmessen und am Pfosten anzeichnen. Dann verfährt man wie oben (Abb. 66 und 67).

8. Das Tor wurde vorgefertigt gekauft. Messen Sie die Höhe des Tores aus, oder halten Sie es kurz mit dem Scharnier an die Torpfosten. Achten Sie darauf, daß das Tor waagrecht angebracht wird, damit es nicht ungewollt auf- oder zuschlägt. Achten Sie auch auf genügend Bodenabstand. Zeichnen Sie die Schraubenlöcher für die Scharniere an, und bohren Sie die Löcher vor. Schrauben Sie mit dem Bohrschrauber die Scharniere an, und hängen Sie das Tor ein. Zuletzt montieren Sie den Riegel. Im Pfosten kann ein Schlitz ausgestochen oder ein entsprechend großes Loch ausgebohrt werden, in das der Riegel faßt.

9. Um das Holz vor dem Verbiß durch die Pferde zu schützen, sollte innenseitig Elektrozaun gezogen werden. Es genügt in der Regel, Schraubisolatoren einzudrehen und gut sichtbares Elektroband zu ziehen. Angenehm ist es, später ein Lifelight als Kontrollampe anzubringen und einen speziellen Drehschalter, um den Strom am Paddock abschalten zu können, ohne das Weidezaungerät ganz ausschalten zu müssen.

Absender:

Vorname Nachname Alter

Straße/Nr.

PLZ Ort

Wo und wie reiten Sie vorwiegend?

☐ Reitschule ☐ Gelände ☐ Urlaub ☐ Western

☐ Sonstiges ____________________

☐ Haben Sie ein eigenes Pferd?

Sind Sie einem Verein oder Organisation angeschlossen?

☐ ja, und zwar____________________ ☐ nein

Lesen Sie regelmäßig eine Pferdezeitschrift?

☐ ja, und zwar____________________ ☐ nein

Welche Themen interessieren Sie besonders?

____

H 96

Bitte freimachen

KOSMOS KOMPETENZ

Franckh-Kosmos
Verlags-GmbH & Co.
Barbara Groenwald
Postfach 10 60 11

70049 Stuttgart

Nützliche Helfer im Pferdestall

Wer käme ohne die zahllosen großen und kleinen Helfer im Pferdestall aus? Nicht die zwei- oder vierbeinigen, sondern die, die man nach dem Gebrauch achtlos in die Ecke stellt. Doch was benutzt wird, nutzt sich auch ab: Scheren, Messer oder Sägen werden stumpf, der Stiel der Mistgabel bricht, der gute Besen verliert seine Borsten, und der Schubkarren bekommt einen Platten.

Was Sie schon beim Einkauf beachten sollten

Konzentrieren Sie sich beim Kauf von Stallgeräten auf das, was Sie wirklich brauchen. Eine Motorsense ist beispielsweise nur nötig, wenn man lange Grabenränder auszumähen hat. Einen Ballenförderer braucht nur der, der mit kleinen Preßballen arbeitet.

Schubkarren sollten luftbereift sein. Mist- oder Heugabeln sollten geschmiedete Zinken besitzen. Blechspaten oder -schaufeln halten den Belastungen der Stallarbeit nicht stand. Ein Spatenblatt aus geschmiedetem Stahl läßt sich außerdem gut nachschleifen. Ein Knackpunkt bei Schaufel, Spaten, Rechen und ähnlichen Geräten ist immer der Stiel: Er wird stark beansprucht, weshalb er zäh, aber elastisch sein soll. Am besten geeignet sind Stiele aus Eschenholz. Kaufen Sie nur Leitern, an denen sich Prüfplaketten befinden. Achten Sie weiterhin auf feste Standfüße. Die höheren Anschaffungskosten professioneller Handwerkzeuge amortisieren sich rasch,

AUF EINEN BLICK

Tips aus der Praxis

- Nehmen Sie jedes Gerät vor dem Kauf in die Hand, und testen Sie, wie es in Ihrer Hand liegt und ob Ihre Körperkraft ausreicht, es dauerhaft zu handhaben.
- Arbeiten Sie nur mit Werkzeugen, die optimal auf Ihre Körperkraft, Größe und Gebrauchsart eingestellt sind, da Sie andernfalls zu schnell ermüden oder Kreuzschmerzen bekommen.
- Wählen Sie Geräte mit gut wechselbaren Ersatzteilen, so daß Sie die Teile selbst austauschen können.

weil sie einfach länger halten, besser in der Hand liegen und praxisgerechter konstruiert sind.

So halten Sie Ihre Werkzeuge gut in Schuß

Kaufen Sie zu Ihrer eigenen Sicherheit nur Geräte, die ein Prüfzeichen tragen (GS- oder CE-Zeichen). Reinigen Sie die Schaufel, den Spaten, den Metallrechen nach Gebrauch. Reiben Sie die Metallflächen hin und wieder mit Öl ein, insbesondere, wenn Sie die Geräte längere Zeit nicht mehr benötigen.

Rechen und Mistgabel sollten immer mit den Zinken zur Wand stehen, dann kann nichts passieren, wenn jemand versehentlich darauftritt. Die Besen, insbesondere Reisstrohbesen, sollten stets aufgehängt und nicht auf die Kehrfläche gestellt werden, damit die Borsten nicht schief werden. Am besten ist es, wenn jedes Gerät eine geeignete Halterung an der Wand oder in einem Geräteschuppen besitzt.

Holzstiele bleiben elastisch, wenn sie hin und wieder mit Leinöl eingerieben werden. Brüchige Stiele müssen ausgewechselt, lockere möglichst schnell wieder befestigt werden.

Stiele, Klingen und andere Teile wechseln

Schaufelstiel auswechseln

Bricht ein Schaufelstiel, dann sollte dieser nicht abgeschnitten, sondern ausgewechselt werden. Im Gartencenter oder der landwirtschaftlichen Genossenschaft können Sie einen neuen kaufen.

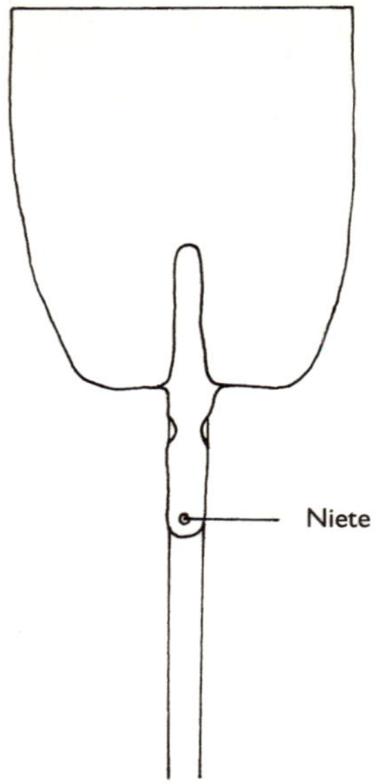

Abb. 68. Sie müssen die Niete am Schaufelhals entfernen, wenn Sie den Stiel auswechseln wollen.

Die kaputte Schaufel wird in den Schraubstock der Werkbank eingespannt. Lösen Sie die Nieten am Schaufelhals (Abb. 68), indem Sie den Nietenkopf entweder abfeilen oder aufbohren. Die Niete läßt sich daraufhin mit einem dünnen, stumpfen Metallstück durchschlagen. Ziehen Sie den alten Stiel heraus, und passen Sie den neuen Stiel an. Bohren Sie am neuen Stiel ein Loch für die Niete oder Schraube vor. Als neue Niete eignet sich ein langer, dicker Nagel, der durch das Bohrloch gesteckt und auf der Rückseite abgesägt wird, oder eine passende Schraube.

Verwenden Sie einen Nagel, sägen Sie ihn nicht glatt ab, sondern lassen ein kleines Stück zum Vernieten stehen. Dieses wird dann mit dem Hammer rundgeklopft. Zum Schluß sollten die Kanten der Niete mit einer Feile geglättet werden.

> AUF EINEN BLICK
>
> **Tip aus der Praxis**
> Lockere Holzstiele werden häufig wieder fest, wenn man sie über Nacht ins Wasser stellt.

Rechenzinken austauschen

Verliert Ihr Holzrechen seine Zähne, können Sie ihm selbst eine »Prothese« fertigen: Klopfen Sie die Bruchstücke mit einem feinen Stecheisen aus der Halterung. Hartnäckige Zinken müssen auf der Werkbank ausgebohrt werden. Wenn Sie ein geübter Heimwerker sind, können Sie sich aus einem Rundholz die neuen Zinken selbst schnitzen, andere kaufen sie im Gartencenter. Wie beim Zahnarzt wird zunächst ausprobiert, ob der »Ersatzzahn« paßt. Er muß fest sitzen. War die Anprobe in Ordnung, bestreichen Sie die neuen Zinken mit Holzleim, stecken sie ins Loch, klopfen sie fest und schneiden überstehende Stücke auf der Rückseite der Holzleiste ab.

Die Schubkarre hat einen Platten

Hat Ihre Schubkarre einen Plattfuß, müssen Sie den Schlauch auswechseln. Drehen Sie dazu die Schubkarre herum, lösen die Kontermuttern an der Radnabe und nehmen das Rad ab. Wie beim Fahrrad nehmen Sie den Mantel von der Felge. Nun sehen Sie den Schlauch vor sich liegen. Pumpen Sie ihn mit Luft auf, und tauchen Sie ihn unter Wasser. Markieren Sie die Löcher mit einem Stift. Kleine Löcher lassen sich mit Fahrradflickzeug ausbessern. Bei größeren Schäden sollten Sie einen Ersatzschlauch kaufen.

Nützliche Transporter

Schubkarre, Sackkarre und andere Transportfahrzeuge, die Sie im Stall und auf dem Hof benutzen, müssen stabil und geländesicher sein. Die Investition in qualitativ hochwertige Geräte lohnt sich auf jeden Fall, denn gerade die Transportfahrzeuge werden im Laufe der Zeit sehr strapaziert.

Die Schubkarre

Eine Schubkarre wird sicher das erste sein, was Sie sich nach Einzug Ihres Pferdes anschaffen. Schon die Römer rühmten ihre Vorzüge. Sie hat sich über die Jahrhunderte kaum verändert; lediglich das Modell wurde ein wenig durchgestylt – das Prinzip ist gleich geblieben.

Schubkarren haben entweder verzinkte oder Kunststoffwannen. Wählen Sie ein Modell mit Kippbügel, damit die Karre beim Abkippen des Mistes nicht so leicht wegrutscht. Sie sollten sie nicht direkt neben der Miste stehenlassen, weil der Reifengummi durch die ätzende Jauche angegriffen wird. Hin und wieder sollte das Rad aufgepumpt und das Lager geschmiert werden. Sie werden trotz aller Vorsicht von Zeit zu Zeit Reifen wechseln oder flicken müssen (siehe oben). Es sind auch Schubkarren mit Vollgummireifen auf dem

Markt, die völlig wartungsfrei sind. Leichter zu handhaben und geländegängiger sind jedoch die luftbereiften Modelle.

Schubkarren eignen sich für den Transport von Heuballen, Wasserkanistern und vielen anderen losen Materialien. In derselben Schubkarre sollten Sie aber nicht sowohl loses Futter als auch Mist transportieren. Sie können das Fassungsvermögen der Schubkarre durch einen Aufbau erhöhen. Dabei sollten Sie allerdings beachten, daß Sie zwar Zeit sparen, wenn Sie mehr auf die Karre laden, aber andererseits auch mehr Kraft brauchen. Außerdem ist ein solcher Aufbau nicht in jedem Fall praktisch, weshalb er rasch wieder abnehmbar sein sollte.

Handkarre und Leiterwagen

Handkarren (Gartenkulis) eignen sich für den Transport von leichten Gütern auf ebenen Flächen oder befestigten Wegen. Sie bestehen aus einem kastenförmigen Aufbau, der auf einem Paar Rädern sitzt. Der Karren aus Holz, Metall oder Kunststoff wird über einen Holm gezogen oder geschoben. Einige Typen kann man an ein Fahrrad ankoppeln.

Geländegängiger als der Gartenkuli ist der gute alte Leiterwagen, ein Relikt aus alten Zeiten. In ihm kann man besonders bequem langes Holz oder andere schwere Gegenstände transportieren.

Die Sackkarre

Als Pferdehalter muß man ständig Säcke mit Futtermitteln, Kalk, Dünger oder anderem transportieren. Wer nicht ein Kreuz wie ein Catcher hat und seinen Rücken schonen will, lernt die Sackkarre als praktischen Helfer rasch schätzen. Die niedrige Ladefläche erspart das Hochheben der schweren Säcke. Man schiebt die Karre dicht an den Sack heran oder – wenn möglich – sogar ganz darunter, kippt die Karre einfach nach hinten, so daß das Gewicht auf den Rädern zu liegen kommt, und los geht die Fahrt! Auch die Sackkarre sollte hin und wieder Luft in die Reifen bekommen und abgeschmiert werden.

Kfz-Anhänger

Der Transport von Gegenständen, Material und Gütern beschränkt sich nicht immer nur auf den Bereich rund um den Hof. Manchmal braucht man Bretter, Erde, Sand oder Steine. Manchmal fährt man Mist in einen Gärtnereibetrieb. Dann leistet ein Kfz-Anhänger gute Dienste. Ein kleiner Anhänger kostet gar nicht so viel, und auch die laufenden Kosten sind niedrig. Die Besteuerung erfolgt in Deutschland nach der Zuladung in Tonnen. Eine Nutzlast von 0,5–1 t reicht in den meisten Fällen aus.

AUF EINEN BLICK

Tip aus der Praxis

Durch einen einfachen Aufbau kann das Volumen eines Anhängers erheblich vergrößert werden. Besonders beim Transport von Heu oder Stroh ist das sehr nützlich (geringes Gewicht, großes Volumen). Beachten Sie jedoch immer die Grenzen der zulässigen Höchstlast!

SOS im Pferdestall

Wasserschäden

Gerade im Stallbereich sind wegen der großen Temperaturschwankungen Wasserschäden an der Tagesordnung. Eingefrorene oder gar gerissene Wasserleitungen sind ärgerlich. Wie Sie solchen Unannehmlichkeiten aus dem Weg gehen, haben Sie im Kapitel »Schluß mit dem Wasserschleppen« erfahren. Vereisen die Leitungen trotz aller Vorsicht, taut man sie mit einem Fön oder besser einer Heißluftpistole vom Hahn abwärts wieder auf. Hilft das alles nichts, so liegt der Grund an einer Stelle, die Sie nicht erreichen können. Da Sie mit einem Frostschaden rechnen müssen, sollten Sie umgehend den Wasserzulauf sperren und – bei Tauwetter – erst unter Aufsicht wieder öffnen.

Werden Sie von fröhlich plätscherndem Wasser im Stall überrascht, so drehen Sie zunächst den Absperr- oder Hauptwasserhahn zu. Liegen im durchnäßten Bereich elektrische Leitungen, so schalten Sie den Strom ab. Bringen Sie feuchtigkeitsempfindliches Gut (Futter, Lederzeug etc.) in Sicherheit. Auslaufendes Wasser kann man mit einem Eimer oder ähnlichem abfangen. Dichten Sie die schadhafte Stelle provisorisch, zum Beispiel mit einem Lappen, ab. Versuchen Sie, das Wasser so schnell wie möglich zu entfernen (Tücher, Schwämme, Schöpfkellen). Streuen Sie Sägemehl auf die nasse Fläche, und fegen Sie es zusammen, sobald es sich vollgesogen hat. Zuletzt können Sie die Schadensursache feststellen und sich frisch ans Werk machen.

Das Dach leckt

Kleine Schäden am Dach können Sie durchaus selbst beheben. Undichte Teerpappdächer werden zunächst sorgfältig gereinigt. Nun warten Sie auf eine Schönwetterperiode, damit das Dach trocknet. Rauhen Sie die Reparaturstelle mit einer harten Bürste an. Kleine Löcher in der Teerpappe können mit Asphaltkitt, einer Art Spachtelmasse, abgedichtet werden. Sind die Stoßfugen undicht, so tragen Sie Teer-Kunststoff-Emulsion (Baumarkt) mit einem Schrubber satt auf die Fläche auf. Lassen Sie den ersten Anstrich gut abtrocknen, und fügen Sie danach einen zweiten hinzu.

Sind große Löcher in der Dachpappe, so bleibt Ihnen nichts anderes übrig, als ein ganzes Stück oder eine komplette Bahn zu erneuern. Schneiden Sie hierfür mit einem Teppichmesser das beschädigte Stück großzügig ab (Vorsicht, an den Kanten nicht die darunterliegende Bahn verletzen!). Nehmen Sie das Stück heraus.

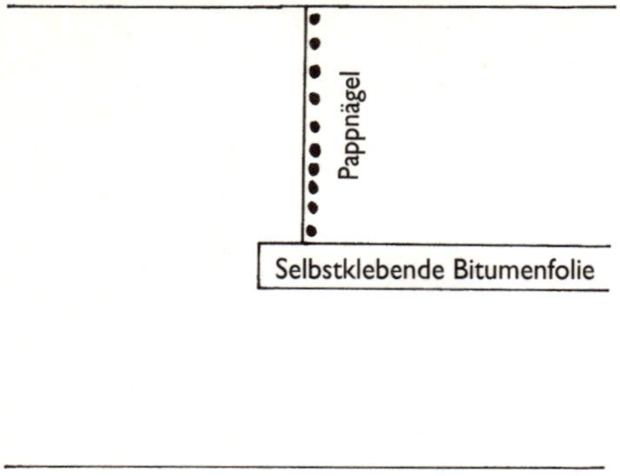

Abb. 69. So reparieren Sie größere Löcher in der Dachpappe.

Tragen Sie mit einem Spachtel an der Unterseite der noch intakten Pappe Asphaltkitt auf, und drücken Sie die Kanten fest an den Untergrund. Legen Sie das Ersatzstück bündig in die Lücke, und fixieren Sie es mit Pappnägeln (Nägel sehr dicht und nahe am Rand einschlagen, siehe Abb. 69). Kleben Sie über die Naht selbstklebende Bitumenfolie, und verspachteln Sie abschließend mit Asphaltkitt oder Kaltbitumen.

Auch einen einzelnen lockeren Dachziegel in nicht allzu großer Höhe kann man selbst auswechseln. Voraussetzung dafür ist jedoch, daß Sie schwindelfrei sind! Reparaturen an hohen Dächern beziehungsweise größere Schäden sollte man aus Sicherheitsgründen einem Fachbetrieb übergeben.

Die Regenrinne läuft über

Läuft Ihre Regenrinne schon beim kleinsten Nieselregen über, so ist sie entweder verstopft oder kaputt. Besorgen Sie sich eine lange Leiter mit gutem Stand, dazu eine Klobürste oder einen Straßenbesen, eine Drahtbürste oder (bei Kunststoffrohren) eine weiche Bürste sowie eine Gießkanne mit Wasser, und los geht's! Lehnen Sie als erstes die Leiter ans Dach. Ein Helfer hält sie unten fest. Achten Sie darauf, daß die Leiter möglichst nicht direkt an der Dachrinne lehnt, insbesondere wenn Sie nicht von deren Stabilität überzeugt sind. Entfernen Sie zunächst Laub und Schmutz. Die verbliebenen Reste werden mit der Drahtbürste oder der weichen Bürste von der Rinne abgekratzt.

Bei Zink- oder Stahlrinnen entfernen Sie den Rost. Spülen Sie den feinen Schmutz mit der Gießkanne aus der Dachrinne. Gleichzeitig können Sie überprüfen, ob das Gefälle der Rinne ausreicht (es sollte ca. 2 % sein), weil bei zu geringem Gefälle das Wasser nicht mehr abfließt. Korrigieren Sie es an den Dachrinnenträgern, indem Sie diese entweder demontieren und neu aufbauen, oder biegen Sie diese hoch.

Kleine Löcher in der Regenrinne können Sie mit Silikon abdichten. Bei größeren Schäden müssen Sie die Rinne auswechseln. Abschließend kann ein Anstrich verzinkte Dachrinnen vor Rost schützen.

AUF EINEN BLICK

Tip aus der Praxis
Achten Sie darauf, daß der äußere Rand der Rinne etwas niedriger liegt als der innere. Falls die Rinne überläuft, so fließt das Wasser nicht in die Dachtraufe.

Brandschutz

Die Feuergefahr ist in Pferdeställen besonders hoch. In jedem Stallbereich sollte zumindest ein funktionstüchtiger Feuerlöscher hängen (dessen Funktionstüchtigkeit regelmäßig überprüft werden und mit dessen Funktionsweise jeder vertraut sein sollte) und eine Feuerlöschdecke vorhanden sein. Brandschutz bedeutet im Pferdestall jedoch in erster Linie Vorbeugung, denn ist ein Brand ausgebrochen, so ist er nur schwer einzudämmen und hat oftmals verheerende Auswirkungen.

Offene Flammen (Kerzen, Petroleumlampen, Feuerzeuge) sollten im Stallbereich und in der daran angeschlossenen Werkstatt tabu sein. Es sollte striktes Rauchverbot herrschen, denn eine abgebrannte Zigarette kann einen Schwelbrand erzeugen, der sich Stunden später zu einem richtigen Feuer auswächst. Schweiß- und Lötarbeiten nur unter Beachtung von strengsten Sicherheitsmaßnahmen durchführen (kein Stroh oder Heu in der Nähe, Abdeckungen auf anderen brennbaren Materialien wie Holz!).

Vorsicht beim Umgang mit Farben, Lacken, Benzin und Lösungsmitteln! Alle diese Stoffe erzeugen leicht entflammbare Dämpfe. Die Flamme auf der Verpackung ist nicht umsonst darauf abgebildet. Sorgen Sie stets für gute Belüftung, wenn Sie mit diesen Chemikalien arbeiten, und vermeiden Sie in jedem Fall offenes Feuer. Lappen, die mit solchen Flüssigkeiten getränkt wurden, entzünden sich unter Umständen selbst. Werfen Sie sie in einen Metalleimer mit Deckel, oder verbrennen Sie sie im Freien (niemals im Ofen!).

Bewahren Sie keine feuergefährlichen

Was tun, wenn's brennt?

- Handeln Sie entschlossen, und versuchen Sie, einen klaren Kopf zu behalten!
- Benutzen Sie bei kleinen Bränden den Feuerlöscher oder die Brandschutzdecke. Falls Wasser in der Nähe ist, kann auch dies manchmal helfen.
- Haben Sie auch nur den geringsten Zweifel, daß Sie den Brand selbst löschen können, rufen Sie sofort (!) die Feuerwehr, den Notarzt und den Tierarzt. Geben Sie deutlich Ihren Namen und die Adresse an, notfalls eine Wegbeschreibung und die Größe des Feuers. Falls Menschen verletzt, bewußtlos oder eventuell vom Feuer eingeschlossen sind, sollten Sie ebenfalls darüber Auskunft geben.
- Im Falle eines Brandes gilt es, immer zuerst Menschenleben zu schützen und die Tiere in Sicherheit zu bringen.
- Werden Sie im Gebäude vom Feuer überrascht, sollten Sie sich mit einer Decke gegen die Hitze schützen und ein nasses Taschentuch (Selbsttränke!) vor Mund und Nase halten. Machen Sie Helfer der Feuerwehr auf sich aufmerksam (rufen!).
- Pferde geraten weniger schnell in Panik, wenn man ihnen die Augen verbindet.

Stoffe im Stallbereich, auf dem Heu- oder Strohboden und auch niemals in der Stallgasse auf. Halten Sie sich und den Pferden die Fluchtwege frei von Hindernissen und brennbaren Gegenständen (keine Strohballen auf den Gängen lagern!). So etwas kann im Ernstfall zur tödlichen Falle werden.

Wenn Sie Stall und Werkstatt verlassen, sollten Sie bei elektrischen Geräten den Stecker aus der Dose ziehen. Kontrollieren Sie auch die Heizkabel an den Wasserrohren regelmäßig.

Liegt Ihr Stall in einem Wohnbereich, sollten Sie die Silvesternacht bei Ihren Pferden verbringen. Nicht nur, weil die Pferde wegen der nächtlichen Ruhestörung in Panik geraten können: Die feurigen Funken der Silvesterartikel könnten einen Brand verursachen.

Nach der Heuernte sollte der Heustock regelmäßig kontrolliert werden, da sich insbesondere nicht ganz trocken eingebrachtes Heu bis zur Selbstentzündung erhitzen kann. Messen Sie die Temperatur mit einem Thermometer. Umlagern kann bei geringfügiger Erhitzung helfen. Bei höheren Temperaturen sollten Sie jedoch die Feuerwehr rufen (auch wenn's noch nicht brennt).

Anhang

Literatur

BENDER, INGOLF: Handbuch Offenstallhaltung, Franckh-Kosmos, Stuttgart 1992

BENDER, INGOLF: Handbuch Robustpferde, Franckh-Kosmos, Stuttgart 1991

Dt. Reiterliche Vereinigung: Orientierungshilfen Reitanlagen und Stallbau, FN-Verlag, Warendorf 1993

ENGELMANN, UTA: Welche Haltung für mein Pferd? Franckh-Kosmos, Stuttgart 1994

GOHL, CHRISTIANE: Pferdesachen selber machen, Franckh-Kosmos, Stuttgart 1993

GOHL, CHRISTIANE: Was der Stallmeister noch wußte 1, Franckh-Kosmos, Stuttgart 1993

GOHL, CHRISTIANE: Was der Stallmeister noch wußte 2, Franckh-Kosmos, Stuttgart 1995

GRONE, JUTTA VON: Die Pferdeweide, Müller Rüschlikon, Cham 1991

HAHN, REINHARD/HÖHN, JACOB: Rechtsratgeber für Reiter und Pferdehalter, Franckh-Kosmos, Stuttgart 1995

JUNGE, MALEEN: Pferde hinterm Haus, Franckh-Kosmos, Stuttgart 1992

KASPER, ARMIN: Hufkurs für Reiter, Franckh-Kosmos, Stuttgart 1994

MARTEN, JENS/SALEWSKI, ARMIN: Handbuch der modernen Pferdehaltung, Franckh-Kosmos, Stuttgart 1989

STEIGLE, O. G.: Handbuch des Gelände- und Wanderreiters, Franckh-Kosmos, Stuttgart 1989

Register

Erlebnis Pferde

Den Stallmeister vom alten Schlag brachte so schnell nichts aus der Fassung. Eine Fundgrube an Wissen, bewährte Tips, Tricks, Haus- und Heilmittel der „alten Hasen" hat Christiane Gohl wieder zusammengetragen. Für Pferdefreunde von heute praxisbezogen aufbereitet und humorvoll kommentiert.

Was der Stallmeister noch wußte 1
ISBN 3-440-07072-X

Was der Stallmeister noch wußte 2
ISBN 3-440-06915-X

kosmos

Bücher • Videos • CD's • Kalender

zu den Themen : Natur, Garten- und Zimmerpflanzen, Astronomie, Heimtiere, Pferde, Kinder- und Jugendbücher, Eisenbahn/Nutzfahrzeuge

KOSMOS

Erlebnis Pferde

Reiter-Bibliothek

Je Band ca. 100 bis 120 Seiten, sowie 30 bis 50 Abbildungen; je DM/sFr 19,80; öS 147,–

Die beliebte Ratgeber-Reihe für alle Pferdefreunde von Franckh-Kosmos bietet interessante, originelle und praktische Ratgeber für alle Reiter, Pferdehalter und Pferdefreunde. Fachkundige Autoren beantworten verständlich und praxisbezogen alle wichtigen Fragen zu Pferdekauf, Pferdehaltung, Zucht und zum richtigen Reiten. Mit vielen nützlichen Tips rund ums Hobby Pferde.

Natur

Garten

Astronomie

Heimtiere

Pferde • Reiten• Fahren

Kinder- und Jugendbuch

Technik

Bücher

Kalender

Videos

CDs

Weitere Bände aus der Reiter-Bibliothek:

Hilfe, mein Pferd hustet
Kräuter-Apotheke für Pferde
Pferdewissen aus dem Wilden Westen
Springen lernen leichtgemacht
Ein Fohlen aus unserer Stute
Mein Pferd soll nicht alleine sein
Pferde und Kinder
Pferdesachen selber machen
Was der Kutscher noch wußte
Pferde hinterm Haus
Wenn Pferde älter werden
ABC des Pferdekaufs
Mein schönes Pferd
Pferdekrankheiten
Pferde richtig transportieren
Mit Hund und Pferd unterwegs
Fahren mit Pferden
Kenne ich mein Pferd? Teil I
Kenne ich mein Pferd? Teil II
Do it yourself in Stall und Weide
Was der Stallmeister noch wußte 1
Was der Stallmeister noch wußte 2